Desenvolvimento moral da criança e Teoria do Domínio Social

Luciana M. Caetano
Judith G. Smetana

Desenvolvimento moral da criança e Teoria do Domínio Social

EDITORA
IDEIAS&
LETRAS

DIRETOR EDITORAL
Márcio Fabri

CONSELHO EDITORIAL
Edvaldo M. Araújo
Fábio E. R. Silva
Marco Lucas Tomaz

TRADUÇÃO DO 2º CAPÍTULO
Jaqueline Maria de Souza
Paulo Choi
Sandreilane Cano

COORDENAÇÃO EDITORIAL
Valério Alves

PREPARAÇÃO
Daniel de Vasconcelos Andrade

REVISÃO
Andresa Mariana

REVISÃO TÉCNICA DA TRADUÇÃO DO 2º CAPÍTULO
Joseilde Maria Teles

DIAGRAMAÇÃO E CAPA
Airton Felix Silva Souza

1ª impressão

Rua Oliveira Alves, 164
Ipiranga – São Paulo/SP
Cep: 04210-060
Televendas: 0800 777 6004
Editorial: (11) 3862-4831
vendas@ideiaseletras.com.br
www.ideiaseletras.com.br

Dados Internacionais de Catalogação na Publicação (CIP) de acordo com o ISBD

S638d Smetana, Judith G.

Desenvolvimento Moral da Criança e Teoria do Domínio Social / Judith G. Smetana, Luciana Maria Caetano. – São Paulo : Ideias & Letras, 2024.

200 p. ; 16cm x 23cm. – (Psi-Atualidades)

Inclui bibliografia e índice.
ISBN: 978-65-87295-67-1

1. Psicologia. 2. Moralidade. 3. Teoria do Domínio Social. I. Caetano, Luciana Maria. II. Título. III. Série.

2024-513 CDD 150
CDU 159.9

Elaborado por Vagner Rodolfo da Silva - CRB-8/9410

Índices para catálogo sistemático:

1. Psicologia 150
2. Psicologia 159.9

Conselho Científico (*ad hoc*)

Sumário

Autoras 09

Prefácio 11

Apresentação 15

Agradecimentos 19

1 – TEORIAS DA MORALIDADE EM DISCUSSÃO 23

Luciana Maria Caetano

Introdução 23

A Teoria do Juízo Moral na criança de Jean Piaget 34

Teoria do Domínio Social 47

Quais são as divergências? 62

Quais são as convergências? 68

Em síntese 79

2 – DESENVOLVIMENTO MORAL: A PERSPECTIVA DA TEORIA DO DOMÍNIO SOCIAL 105

Judith Smetana

Introdução 105

Quadro teórico e métodos de pesquisa associados 108

Origens ontogenéticas dos julgamentos morais e sociais das crianças: infância e primeira infância 125

Desenvolvimento moral e social durante os anos pré-escolares 129
O desenvolvimento moral durante a metade da infância 146
O desenvolvimento moral durante a adolescência 158
Conclusões 172
Direcionamentos futuros 173

Índice remissivo 195

Autoras

Luciana Maria Caetano é professora associada do Departamento de Psicologia da Aprendizagem, do Desenvolvimento e da Personalidade (PSA) do Instituto de Psicologia da Universidade de São Paulo (IPUSP). Realiza pesquisas em psicologia do desenvolvimento moral, educação moral e desenvolvimento socioemocional. Atua como docente na graduação em Psicologia, Terapia Ocupacional e Fisioterapia, e orienta mestrados e doutorados no Programa de Pós-Graduação em Psicologia Escolar e do Desenvolvimento Humano do Instituto de Psicologia da USP desde 2013. Atua como Coordenadora do Programa de Pós-Graduação em Psicologia Escolar e do Desenvolvimento Humano do Instituto de Psicologia da USP.

Judith G. Smetana, Ph.D., é professora de psicologia e diretora do Programa de Doutorado em Psicologia na University of Rochester (EUA), onde foi também titular da Frederika Warner Chair of Human Development. Membro do editorial de importantes periódicos científicos, autora de mais de 200 artigos científicos, além de capítulos de livros. Referencial mundial nos estudos e pesquisas em desenvolvimento do julgamento moral das crianças, parentalidade, relações pais e adolescentes, desenvolvimento humano. É autora do livro *Adolescents, Families, and Social development: how teens construc− to their worlds* (2011), pela Willey-Blackwell Publisher. É co-editora do Handbook of Moral Development, com Melanie Killen, primeira edição (2006), segunda edição (2013), terceira edição (2022), pela Lawrence Erlbaum Associates Publishers.

Prefácio

Há cerca de doze anos, quando visitava meus netos nos Estados Unidos, recebi um telefonema de Luciana Maria Caetano. Ela solicitava que agendássemos uma reunião virtual para trocar ideias sobre a teoria de desenvolvimento sociomoral de Turiel, o que aceitei imediatamente com muita satisfação. O motivo do meu entusiasmo residia, primeiramente, no interesse da pesquisadora em explorar uma teoria até então de pouca divulgação no Brasil, e o potencial valor que vislumbrava, com essa abordagem, para projetos educacionais no país.

A linha de pesquisa adotada por Elliot Turiel e seu discípulo Larry Nucci construiu seus alicerces nos fundamentos das principais teorias clássicas em julgamento moral de Piaget e Kohlberg. Porém, seguindo a personalidade californiana de Turiel (um autodefinido "*laid-back*", uma "pessoa descontraída"), não menos rigorosa, o autor identificou aspectos de convivência social como prerrogativas pessoais, que não caracterizavam hedonismo ou heteronomia, assim como normas de convivência social que obedecem a determinadas convenções culturais em coordenação com princípios morais.

Com a redemocratização do Brasil, foi excluída, acertadamente, a disciplina obrigatória de "Educação Moral e Cívica". Só que, então, falar em desenvolvimento moral passou a denotar autoritarismo, e, para pesquisar nessa área, restavam apenas as publicações com modelos importados e descontextualizados, que aferiam estágios de desenvolvimento a partir de situações e dilemas construídos nos laboratórios europeus e americanos, com estímulos muitas vezes estranhos à realidade das crianças brasileiras.

Certamente, tanto o Julgamento Moral de Piaget (1932) quanto os estágios de Desenvolvimento Moral de Kohlberg (1969) constituem as teorias mais importantes, servindo de embasamento para a Teoria do Domínio Social (TDS).

Pensando no tema de minha própria tese de doutorado, defendida em 1991 na University of Illinois em Chicago, que investigou valores parentais e nepotismo em diferentes contextos culturais no Rio Grande do Sul, foi a abordagem teórica da TDS que me possibilitou entender e descrever como crianças e adolescentes percebem suas prerrogativas e convenções sociais a partir dos núcleos aos quais pertencem.

Estudando e participando de seminários com Luciana Maria Caetano, examinamos o potencial da TDS como excelente ferramenta teórica, que contempla as peculiaridades regionais do Brasil. E, para minha satisfação, embora não tenha sido uma surpresa, Luciana Maria Caetano perseverou nessa linha de pesquisa, convicta de que questões sociais brasileiras carecem de pesquisas científicas na área de desenvolvimento sociomoral que possibilitem políticas públicas em educação bem fundamentadas e ancoradas na nossa realidade.

Já na segunda parte do livro, Judith Smetana, autora renomada, cujos créditos são extensamente apresentados na introdução desta obra, apresenta os achados de suas pesquisas com crianças e adolescentes, demonstrando que em todas as culturas mantém-se a coexistência de concepções pessoais, convencionais e morais, caracterizando domínios de conhecimento distintos, com prevalência, subordinação ou coordenação de uma ou mais áreas, dependendo do desenvolvimento cognitivo-emocional da criança.

Lembrando posições piagetianas/kohlbergianas (hedonismo, heteronomia...), o dano físico, na primeira infância, tem conotação moral; com o desenvolvimento, ficam distintas no convívio social concepções de justiça e igualdade, enquanto, na adolescência, princípios de equidade podem prevalecer em situações nas quais convenções sociais e prerrogativas pessoais encontram-se conflitantes ou servem para organizar grupos interativos de adolescentes.

Todas as pesquisas apresentadas no presente livro servirão para motivar os leitores na busca de ferramentas teórico-metodológicas adequadas a diferentes contextos e realidades sociais.

Assim, penso que possibilitará a melhor "vulgarização da ciência"; e aqui talvez seja preciso explicar melhor. "Vulgarização" não no sentido de torná-la rasa ou puramente ornamental, mas, isto sim, torná-la acessível a todos os programas de educação, como ocorre em países mais desenvolvidos.

Por isso, a publicação deste livro faz parte da virada de página há muito aguardada por mim, na qual as duas autoras reconhecem a importância central do estudo, compreensão e divulgação da teoria em Desenvolvimento Sociomoral para a formação de educadores.

É somente através da compreensão profunda do que essa teoria representa para os educadores (embora não exclusivamente para eles), desde o ensino fundamental até a educação permanente, que poderemos ir além das elucubrações, algumas delas vazias, em torno de teorias que têm origem em outras realidades socioeconômicas e culturais.

Foi, enfim, uma alegria e uma honra receber o convite para escrever o prefácio desta obra de suma importância para nossa área. No momento em que discutimos a regulamentação da inteligência artificial, em que recorremos a um ChatGPT para encurtar percursos de pensamento que bem poderíamos percorrer por nossos próprios esforços, é um privilégio poder exaltar o valor do estudo e da análise para a reflexão informada por princípios morais.

Afinal, o que é essa capacidade tão humana, senão a melhor parte daquilo que nos torna quem somos? Boa leitura!

Porto Alegre, 04 de fevereiro de 2024

Clary Milnitsky-Sapiro
(Universidade Federal do Rio Grande do Sul – UFRGS)

Apresentação

A Psicologia do Desenvolvimento Moral é uma área de estudo da Psicologia do Desenvolvimento que se dedica a compreender o julgamento e o comportamento moral de crianças, adolescentes e adultos. Como devemos agir? O que nos faz bons? Como decidir entre seguir uma regra convencionalmente legitimada ou desobedecer a regra, mas ser justo com alguém? A Teoria do Domínio Social é uma das mais reconhecidas teorias contemporâneas internacionais. Seus fundadores são professores universitários norte-americanos que ainda realizam pesquisas e seus artigos científicos estão publicados nos periódicos de maior fator de impacto da área, o que denota o reconhecimento de sua profunda contribuição para a área da moralidade. Este livro tem o propósito de apresentar as principais contribuições da Teoria do Domínio Social para o público brasileiro, contando com um capítulo de autoria de uma das fundadoras da teoria, a Professora Judith Smetana da Universidade de Rochester, e um capítulo de autoria da Professora Livre Docente Luciana Caetano, que é a especialista brasileira na referida teoria.

A Teoria do Domínio Social é expressiva nos principais congressos da área, bem como suas pesquisas são publicadas nos periódicos científicos internacionais mais prestigiados. Não contávamos com nenhuma publicação em língua portuguesa sobre a Teoria do Domínio Social no Brasil, com exceção de um artigo publicado em 2001 por Larry Nucci, que, juntamente a Elliot Turiel e Judith Smetana, fundaram a presente teoria. Portanto, consideramos que o livro possa cumprir o papel de preencher essa lacuna na literatura brasileira, oferecendo aos pesquisadores brasileiros que se dedicam aos estudos de Psicologia e Educação Moral, bem como de seus orientandos, a oportunidade de conhecerem os principais pressupostos da teoria, bem como os resultados de mais de 40 anos de pesquisa empírica. Além do mais, a obra que propomos apresenta capítulos concisos e que oferecem ao leitor uma revisão consistente sobre a temática.

O livro tem uma linguagem acadêmica, mas objetiva e didática. Trata-se de um manual para a área de Psicologia do Desenvolvimento Moral e reúne contribuições da parceria entre uma autora nacional – Doutora Luciana Caetano, professora Livre Docente do Instituto de Psicologia da Universidade de São Paulo – e a professora Doutora Judith Smetana, diretora do Programa de Pós-Graduação em Psicologia da Universidade de Rochester, e professora fundadora da Teoria do Domínio Social, reconhecida e premiada internacionalmente.

O primeiro capítulo, de autoria de Luciana Caetano, tem por objetivo apresentar um breve resumo da Teoria do Juízo Moral de Jean Piaget e da Teoria do Domínio Social de Elliot Turiel, iniciando com uma introdução histórica e contextual das duas teorias, para, em seguida, estabelecer uma discussão teórica entre elas, apresentando pontos de divergência e convergência entre si. Nesse capítulo, o leitor poderá conhecer uma breve história da recepção da Teoria do Domínio Social no Brasil, os principais pressupostos da Teoria do Juízo Moral de Piaget, uma revisão sobre o Domínio Moral, Domínio Convencional e Domínio Pessoal, conforme os pressupostos da Teoria do Domínio Social, e um estudo comparativo das duas teorias, apresentados numa análise das convergências e divergências entre as teorias. Esse capítulo é oriundo da Tese de Livre Docência da Professora Doutora Luciana Caetano, defendida em 2019 no Instituto de Psicologia da USP pela autora.

O segundo capítulo é uma tradução do capítulo publicado pela Professora Judith Smetana no *Oxford Handbook of Psychological*

Development (2014). A tradução foi realizada por orientandos de doutorado do Programa de Pós-Graduação da professora Luciana Caetano, portanto, estudiosos da Teoria do Domínio Social.

Este capítulo descreve o desenvolvimento do julgamento moral por meio das lentes da Teoria do Domínio Social. A moralidade, ou conceitos de justiça, bem-estar e direitos dos indivíduos, é vista como um sistema distinto ou um domínio organizado de conhecimento social que se desenvolve separadamente das concepções de convenções sociais e de questões pessoais. Essas concepções são construídas e diferenciadas a partir das interações e experiências sociais das crianças. Neste capítulo, proposições teóricas básicas da Teoria do Domínio Social, bem como métodos utilizados para testar essas proposições estão descritos, e estudos empíricos relevantes são revisados. O capítulo destaca como a compreensão e a interpretação das crianças sobre seus mundos sociais são elaboradas, e de que maneira mudam desde a infância até a adolescência. Pressupostos informacionais e conhecimento de regularidades das consequências afetivas de diferentes eventos esclarecem sobre as considerações dos conceitos morais implicados na descrição da vida social em toda a sua complexidade e diversidade. Além disso, os conceitos morais são considerados em termos de coexistência e coordenação com outros domínios de conhecimento social.

O capítulo destaca os seguintes aspectos:

1. Em todas as culturas o pensamento das crianças sobre o mundo social é diferenciado, e implica a coexistência das concepções morais, sócio-convencionais e pessoais.
2. As concepções morais, convencionais e pessoais formam domínios distintos, ou sistemas de desenvolvimento do conhecimento social.
3. As concepções dentro de cada domínio seguem diferentes trajetórias de desenvolvimento.
4. Durante o começo da infância, as concepções morais focam principalmente no dano físico concreto e nas preocupações com o bem-estar; a partir da metade da infância, as concepções de justiça desenvolvem-se

do tratamento igualitário e da compreensão da igualdade para, no início da adolescência, surgirem noções de equidade.

5. Embora crianças e adolescentes diferenciem concepções morais, convencionais e pessoais em seus julgamentos, as avaliações de eventos ou de situações podem implicar sobreposição de interesses de diferentes domínios, estando esses interesses em conflito ou em sincronia uns com os outros.
6. As diferenças aparentes nas avaliações morais podem ser devidas às diferenças no entendimento descritivo das crianças sobre a natureza da realidade (isto é, seus pressupostos informacionais).
7. Crianças levam em conta ambas as crenças, morais e factuais, quando fazem julgamentos morais.
8. O conhecimento afetivo e as respostas afetivas para as situações são uma parte integral do desenvolvimento dos juízos moral e social, e os influenciam.
9. As concepções morais, convencionais e pessoais são construídas a partir de variadas experiências sociais das crianças e das regularidades no ambiente social.
10. A forma como os indivíduos pesam e coordenam as considerações morais e não-morais em seus julgamentos pode variar de acordo com contextos, culturas e desenvolvimento.

O texto que esse livro apresenta também celebra a parceria entre duas autoras que trabalham juntas há alguns anos. A professora Judith Smetana esteve no Brasil em 2015 e em 2019, trabalhando com o Grupo de Pesquisa em Psicologia do Desenvolvimento Moral (GPDM/USP), coordenado pela professora Luciana Caetano. O reconhecimento pela importante contribuição que a professora Judith Smetana tem oferecido aos pesquisadores de psicologia do desenvolvimento moral no Brasil fica expresso nesse livro, que representa a possibilidade de diálogo e internacionalização da pesquisa brasileira. Mais que isso, a generosidade, a reciprocidade e amizade são virtudes que selam esse encontro, agora concretizado nesta obra.

Desejamos ao leitor que desfrute!

Agradecimentos

Agradecemos à FAPESP no que se refere ao apoio e financiamento das vindas da Professora Judith Smetana ao Brasil, bem como ao financiamento de projetos de pesquisa da Professora Luciana Caetano, que permitiram o processo de colaboração internacional entre as duas pesquisadoras: processo nº 2013/24697-0; processo nº 2017/06334-9; processo nº 2021/03852-4, Fundação de Amparo à Pesquisa do Estado de São Paulo (FAPESP).

Agradecemos também à Oxford Publishers, pela cessão dos direitos autorais do capítulo da Professora Judith Smetana.

Para Paulo Nogueira, com amor e gratidão.

For Ron, Joshua and Jeremy, because of their love and support.

TEORIAS DA MORALIDADE EM DISCUSSÃO[1]

Luciana Maria Caetano

INTRODUÇÃO

Os primeiros livros e artigos publicados pelo jovem Piaget (décadas de 1920 e 1930) revelaram seus interesses por questões e posicionamentos diante dos embates entre ciência e religião, porém sempre em conexão com aspectos psicológicos desenvolvimentistas (Kesselring, 1993). Influenciado pelos estudos filosóficos, sociológicos e psicanalistas, identificou a cooperação como equilíbrio possível das relações interpessoais, revelando sua visão otimista sobre a humanidade.

Piaget (1932/1994) foi o principal precursor dos estudos de psicologia do desenvolvimento moral e, seguindo influências do iluminismo Kantiano (Canto-Sperber, 2013), definiu a moral como um sistema de regras. Ele assumiu a dimensão da ética normativa em seus estudos sobre a moralidade, transgredindo a separação entre psicologia e epistemologia ao desenvolver, junto às crianças e adolescentes genebrinos, um estudo que se iniciou com a investigação sobre a prática e a consciência das regras em situação de jogo, e que foi concluída com a comprovação empírica da existência de duas formas de moral nas crianças, vinculadas à sequência das estruturas cognitivas cada vez mais adaptadas nas crianças (Piaget, 1932/1994).

1 Capítulo teórico oriundo da Tese de Livre Docência intitulada "Autoridade: a questão do desenvolvimento moral", apresentada à Universidade de São Paulo pela autora.

Apesar de Piaget ter investido no desenvolvimento da epistemologia genética, e não retomado a pesquisa em desenvolvimento moral (La Taille, 1994), o livro O Juízo Moral na Criança promoveu o desencadeamento de pesquisas que poderiam ser divididas em três grandes blocos: pesquisas que procuraram detalhar ou corroborar aspectos particulares da teoria piagetiana; estudos voltados para a elaboração de medidas do julgamento moral; pesquisas que partilharam dos pressupostos epistemológicos e conceitos iniciais de Piaget (1964) e que defenderam uma perspectiva diferente de análise sobre a compreensão do desenvolvimento moral (Martins, 1991).

A Teoria do Domínio Social de Elliot Turiel (1983) se encaixa no terceiro grupo de pesquisas anteriormente mencionadas (Martins, 1991). Do ponto de vista biográfico, Turiel foi discípulo de Lawrence Kohlberg. Kohlberg foi leitor de Piaget: investigou a moralidade no sujeito psicológico e construiu a partir de suas investigações, utilizando especialmente o Dilema de Heinz (o dilema mais famoso dos estudos de moralidade), uma teoria interpretada por muitos como um aperfeiçoamento da teoria de Piaget, já que construiu os estágios da evolução da autonomia (Kohlberg, 1981, 1984, 1987; Freitag, 1992; Biaggio, 1997; Lapsley, 2006). "A mais extensiva pesquisa em julgamento moral que se seguiu à de Piaget foi conduzida por Kohlberg (1969) e teve sua base tanto no primeiro Piaget, do trabalho sobre julgamento moral, quanto em suas últimas formulações teóricas" (Turiel, 1983, p. 153).

A principal contribuição de Kohlberg foi apresentar para psicólogos e educadores o fato de que o pensamento moral das pessoas se transforma, e que essas transformações seguem estágios invariantes de desenvolvimento e aumento de adequado entendimento sobre o que é justiça (Snarey & Samuelson, 2014). Kohlberg (1981, 1984, 1987) elaborou a sua teoria através da distinção de três níveis de evolução da moralidade, que são subdivididos em estágios, de ordem e sucessão invariáveis no desenvolvimento, e cujos modos de pensar são distintos, apresentando, portanto, estruturas qualitativamente diferentes:

Quadro 1. Níveis de desenvolvimento moral a partir da teoria kohlberguiana

Níveis de evolução	Explicação	Estágios
Pré-convencional	Esse nível de desenvolvimento moral é considerado análogo à moral heterônoma proposta por Piaget.	**Estágio I** - Orientação para a punição e obediência; **Estágio II** - Hedonismo instrumental relativista.
Convencional	Neste nível, as regras se prestam à manutenção da sociedade e desta forma são seguidas pelo sujeito para que se preservem em si as expectativas da família, da nação.	**Estágio III** - Moralidade do bom garoto, de aprovação social e relações interpessoais; **Estágio IV** - Orientação para a lei e ordem.
Pós-convencional	Enquanto os dois primeiros níveis são pré-morais, esse é considerado o nível de desenvolvimento moral. Trata-se dos dois estágios mais elevados, segundo Kohlberg, e que, portanto, somente são atingidos por uma minoria de pessoas.	**Estágio V** - Orientação para o contrato social; **Estágio VI** - Princípios universais de consciência.

Elaborado pela autora.

Os estágios descritos por Kohlberg foram caracterizados como um sistema formulado para tentar reunir relações entre uma variedade de componentes relevantes (leis, consciência e decisão, relações afetivas, autoridade e organizações cívicas, direitos civis, contrato, promessas, confianças, punição, vida, propriedades de direitos e regras, verdade, papel sexual) a fim de estruturar o julgamento moral (Turiel, 1983). Importante é reconhecer também que a contribuição maior e síntese da identidade acadêmica de Kohlberg está no educador moral que ele foi (Biaggio, 1983; Lapsley, 2006; Snarey & Samuelson, 2014).

Na comparação com as pesquisas de Piaget, as duas maiores modificações que Kohlberg propôs em relação à Teoria do Juízo Moral foram: 1- a manifestação tardia da compreensão sobre as noções de justiça e autonomia; 2- a distinta compreensão sobre a heteronomia. Enquanto, para Kohlberg, a heteronomia é fruto do sentimento de medo, da orientação de poder e da prevenção das punições, para Piaget, ela é o nível menos evoluído de moral que está baseada no respeito à autoridade e às regras (Turiel, 1983). Conforme os estudos kohlberguianos, a noção de justiça e autonomia só se evidenciam na idade adulta e não no início da adolescência, conforme propôs Piaget (Lapsley, 2006).

Turiel (1983) discutiu as duas teorias (de Piaget e de Kohlberg) em comparação com seus próprios estudos. Segundo o autor, epistemologicamente, as duas teorias são convergentes, e o seu próprio campo de estudo seguirá os mesmos caminhos teóricos e metodológicos por elas traçado (Turiel, 2006). Não discutiremos essas questões nesse momento, uma vez que esses argumentos serão retomados no subcapítulo sobre as convergências entre as teorias.

Os primeiros textos de Turiel (1979, 1983, 1989) sobre os domínios moral e social se originam da discussão teórica amparada em dados de pesquisa que o autor realiza a partir das leituras do trabalho de Jean Piaget e de Kohlberg, sendo que inicialmente Turiel (1974) investiga os períodos de transição entre os estágios kohlberguianos, atentando-se para as possíveis regressões dos participantes nos respectivos estágios. Foi nessa pesquisa que o autor evidenciou formas distintas de julgamentos sociais, entre eles o moral e o convencional (Turiel, 1975).

Coube a Turiel (1974), inclusive, responder às críticas tecidas em relação ao trabalho de Kohlberg, as quais afirmavam que a pesquisa kohlberguiana se constituiu apenas como uma extensão do trabalho de Piaget (Siegal, 1980); que se tratava de um estudo psicológico etnocêntrico (Snarey, 1985); que a sequência de estágios estabelecidos por ele levaria em conta demasiadamente os aspectos cognitivos, falta de fidedignidade da escala e derivação intuitiva dos estágios (Kurtines & Grief, 1974).

A sua proposta teórica foi divulgada no livro publicado em 1983, pela editora Cambridge, intitulado: *The development of Social Knowledge:*

Morality & Convention.[2] Dois aspectos importantes para o conceito de moralidade são apresentados no livro: o aspecto epistemológico e o desenvolvimental. O primeiro diz respeito a como perspectivas do funcionamento psicológico guiam conceituações de moralidade e sua aquisição pela criança. O segundo aspecto – o desenvolvimental – diz respeito a como as crianças pensam (e mudam seus pensamentos) sobre moralidade e que tais pensamentos incluem outros aspectos da esfera social. Os dois aspectos são inseparáveis (Turiel, 2013).

Entre os discípulos de Kohlberg, Turiel é "o que mais retrata a tradição piagetiana de pesquisas sobre o desenvolvimento social do indivíduo" (Martins, 1991). Do ponto de vista desenvolvimental, por sua vez, iniciam-se os aspectos divergentes entre Turiel e Piaget, uma vez que a teoria tureliana definiu vários e diferentes territórios que coexistem na elaboração e construção do conhecimento do mundo social pela criança (o desenvolvimento dessas questões será apresentado no subcapítulo intitulado "Divergências").

A pesquisa na Teoria do Domínio Social esteve, nos seus primeiros 30 anos de existência, focada em examinar se a criança era capaz de distinguir os diferentes domínios que compõem o conhecimento social: domínio moral, domínio convencional e domínio pessoal (Smetana, 2013; Turiel, 1983, 2006; Smetana, 2006; Nucci, 2001). Depois dessa fase, a pesquisa se expandiu em muitas e diferentes direções, buscando investigar especialmente as inconsistências dos julgamentos de crianças, adolescentes e adultos quanto às questões contextuais, individuais, culturais, entre outras (Smetana, 2006), sendo que um conjunto interessante de revisões tem sido publicado (Smetana & Turiel, 2003; Killen & Smetana, 2013; Smetana & Killen, 2014).

Os estudos contemporâneos debruçam-se sobre estudos de características e fatores de interações sociais, influência de características

2 *O desenvolvimento do conhecimento social: moralidade e convenção* (tradução nossa).

individuais (gênero, classe social, etnia), influências culturais particulares e as considerações de todas essas variáveis na relação com os julgamentos. Destacam-se as pesquisas em parentalidade (Smetana, 2011), bem como as pesquisas sobre afeto, emoção, violência e julgamento (Arsenio, Adams & Gold, 2009; Arsenio, 2014), pesquisas sobre preconceito e exclusão entre pares (Horn, 2008; Killen, Mulvey & Hitti, 2013; Killen & Cooley, 2013; Horn & Sinno, 2013), neuropsicologia e moralidade (Decety & Howard, 2014; White, Leong, Smetana, Nucci & Blair, 2013); moralidade e engajamento civil (Helwig, Ruck & Peterson-Badali, 2013); educação moral (Nucci, 2011; Nucci & Ilten-Gee, 2021); conflitos e heterogeneidade da cultura (Wainryb & Recchia, 2013); desigualdade econômica e justiça social (Arsenio, 2023); entre outros estudos.

A Teoria do Domínio Social tem reconhecida repercussão na área da psicologia do desenvolvimento e psicologia moral, sendo que seus principais pesquisadores – Elliot Turiel, Larry Nucci, Judith Smetana – publicam nas editoras, revistas científicas e livros mais importantes e reconhecidos da área, além desses pesquisadores participarem constantemente dos principais congressos científicos internacionais (Lourenço, 2014).

Como qualquer perspectiva teórica reconhecida, também vem recebendo algumas críticas. De acordo com Lourenço (2014), a teoria apresenta falhas conceituais e metodológicas. Para o autor, a teoria não cumpre o papel de "alternativa às teorias de desenvolvimento moral estruturalistas", pois não tem pesquisas teóricas e as pesquisas empíricas têm alto grau de consistência interna em suas descobertas. O arcabouço metodológico de Turiel e seus colaboradores também é criticado por Lourenço (2014), para quem o conceito de moral da Teoria do Domínio Social é mais liberal que o conceito kohlberguiano e piagetiano, e o que a teoria compreende como domínio moral, segundo ele, está muito distante do conceito de autonomia moral (Piaget, 1932/1994) e do estágio pós-convencional da moral de Kohlberg (1981, 1989).

Lourenço (2014) argumenta, fundamentado em dados de suas próprias pesquisas empíricas, que a criança pequena não é tão sofisticada quanto a Teoria do Domínio Social propõe. Para ele, o método de codificação de justificativas e critérios de domínio moral (esses conceitos estão definidos no subcapítulo "Teoria do Domínio Social") não é suficiente e adequado para investigar o desenvolvimento moral, além de que, em sua perspectiva, as interpretações das respostas das crianças são também pautáveis de críticas.

A oposição da Teoria do Domínio Social à teoria de Piaget e Kohlberg também é alvo de crítica de Sokol e Chandler (2004) e Carpendale (2006), que defendem que a crítica se encaminha no sentido de argumentar que a Teoria do Domínio Social deve ser interpretada como uma extensão ao trabalho de Piaget e não como uma proposta de oposição.

No Brasil, pode-se afirmar que a Teoria do Domínio Social é pouco presente no conjunto de pesquisas realizadas na área de concentração intitulada "moralidade". Talvez porque a maioria dos estudos de moralidade desenvolvidos no país tem como base os estudos piagetianos (por exemplo: La Taille, 2006, 2009) ou kohlberguianos (por exemplo: Biaggio, 1997; Camino & Luna, 2007; Bataglia, Morais & Lepre, 2010).

Martins (1991) desenvolveu uma pesquisa de doutorado, intitulada: "Construção do conhecimento social: categorias de justificação e critérios de julgamento". A tese apresentou uma revisão bibliográfica sistemática dos estudos da Teoria do Domínio Social publicados até o período da pesquisa do autor. Martins (1991) investigou o julgamento moral de crianças de educação infantil e ensino fundamental sobre eventos morais e sócio-convencionais. Utilizando os parâmetros metodológicos da Teoria do Domínio Social, o autor encontrou em seus resultados que as crianças pesquisadas de fato diferenciaram as situações investigadas segundo justificativas específicas dos diferentes domínios. Todavia, quando os critérios de julgamento foram utilizados, seguindo o protocolo de pesquisa tureliano (tais critérios serão apresentados no capítulo "Teoria do Domínio Social"), a questão da legitimidade de regras e submissão à autoridade esteve presente para eventos de domínio tanto moral quanto convencional, o que foi caracterizado por Martins (1991) como uma confluência com a Teoria do Juízo Moral piagetiana.

O professor Raul Aragão Martins passou a investigar, após o seu doutoramento, a situação de risco de crianças e adolescentes brasileiros, entre outros temas. Todavia, atualmente como orientador de mestrado e doutorado em Programa de Pós-Graduação em Educação na UNESP (Marília/SP), segue supervisionando trabalhos na perspectiva da Teoria do Domínio Social:[3]

- "Bebidas alcoólicas na adolescência: relação entre o uso e domínios sociais" (2006), de autoria de Solange Maria Beggiato Mezzaroba (tese de doutorado). A autora investigou 65 jovens que abusavam do uso de álcool, sobre como julgavam esse hábito. Os resultados revelaram que os jovens julgam que o comportamento de beber está ligado aos domínios pessoais e prudenciais, e não morais.
- "Condutas de discriminação entre crianças da educação infantil" (2007), de autoria de Rosana Akemi Kawashima (dissertação de mestrado). A autora investigou condutas de discriminação de crianças de 4, 5 e 6 anos, e os resultados mostraram que as crianças julgam a conduta errada com justificativas de

3 Apresentamos aqui os trabalhos que utilizaram a Teoria do Domínio Social como principal abordagem teórica e metodológica, ou seja, trabalhos de investigação que utilizaram o conteúdo teórico dos Domínios para categorizar os resultados, não considerando trabalhos que contemplam a Teoria do Domínio Social apenas na revisão teórica.

domínio moral, mas determinadas por obediência à autoridade.

- "Uso de álcool e julgamento sócio-moral de estudantes do Ensino Médio" (2006), de autoria de Luciana Nogueira Cruz (dissertação de mestrado). A autora investigou adolescentes e o uso de álcool, estabelecendo relações entre julgamento sócio-moral.
- "A visão dos jovens sobre os conflitos interpessoais no ambiente escolar: contribuições da teoria de domínios sociais" (2019). A tese de doutorado de Lara Luccatto investigou conflitos entre adolescentes através da perspectiva da Teoria do Domínio Social. Os resultados mostraram que os adolescentes julgaram as *histórias estímulo* utilizando justificativas de domínio moral, e apontou a família como o principal contexto reconhecido pelos jovens como fonte de seus valores morais.

No ano de 1996, Clary Milnitsky-Sapiro publicou o artigo científico intitulado "Desenvolvimento Sócio-Moral e Aspectos Culturais do Parentesco". O artigo se originou de sua tese de doutorado intitulada "Cultural Factors of Family Structure",[4] realizada na Universidade de Illinois, Chicago (EUA), sob a orientação de Larry Nucci, que é um dos fundadores da Teoria do Domínio Social. Os resultados revelaram a presença da distinção de domínios nas respostas dos participantes, bem como diferenças culturais nas respostas do grupo de participantes rurais e urbanos.

É importante dizer que a Professora Clary Milnitsky-Sapiro foi a primeira pesquisadora brasileira a se formar como especialista em Teoria do Domínio Social, sendo que ela realizou seu pós-doutoramento também sob a supervisão do Professor Larry Nucci. Em 2006, Milnitsky-Sapiro publicou, em coautoria com Elliot Turiel e Larry Nucci, o artigo intitulado "Brazilian adolescents' conceptions of autonomy

4 "Fatores culturais da estrutura familiar" (tradução nossa).

and parental authority",[5] publicado na *Cognitive Development*. Os resultados desse estudo revelaram a busca por autonomia por parte dos adolescentes brasileiros, bem como as diferenças de variável sociodemográfica, especialmente quanto à classe social (Milnitsky-Sapiro, Turiel & Nucci, 2006).

A professora Angela Biaggio (*in memoriam*), uma das precursoras dos estudos de psicologia moral no Brasil, publicou um artigo em 1999 analisando a posição de autores que na época se destacavam no estudo do julgamento moral. O artigo, publicado em uma das principais revistas científicas do país (*Psicologia: Reflexão e Crítica*), revisou os pressupostos teóricos de Piaget, Kohlberg, Shweder e Rest, assim como a Teoria do Domínio Social (TDS) de Elliot Turiel. Quanto a essa última, foi abordada por Biaggio (1999) de forma bastante crítica, apresentando a perspectiva dos domínios através do posicionamento contrário de alguns autores, entre eles: Rest (1997); Lourenço (1997); Shweder, Mahapatra & Miller (1987); Haidt, Koller e Dias (1993).

A principal crítica sustentada por Biaggio (1999), amparada pelas pesquisas e considerações dos autores anteriormente citados, diz respeito ao universalismo da moralidade. Segunda ela, a TDS de Turiel e seus colaboradores, ao considerar o domínio moral universalizável (1983), se distancia do conceito de moral universal defendida por Kant, Piaget e Kohlberg. Seus argumentos são próximos àqueles que Lourenço (2014) defendeu em seu artigo posteriormente.

Podemos inferir que talvez a posição expressa por Biaggio (1999) no citado artigo tenha influenciado bastante o trabalho de pesquisa em psicologia moral no Brasil. Biaggio (1999) não se remete à pesquisa de Clary Milnitsky-Sapiro, publicada anteriormente, em 1996, no Brasil. Depois

5 "Concepções de adolescentes brasileiros sobre autonomia e autoridade parental" (tradução nossa).

de sua publicação, Larry Nucci, co-fundador da Teoria do Domínio Social, publicou no Brasil o artigo intitulado "Psicologia Moral e educação: para além de crianças boazinhas", em 2000, na revista *Educação e Pesquisa* (Nucci, 2000). Interessante que, apesar de se tratar da primeira publicação do próprio autor da referida teoria, em língua portuguesa, isso não pareceu influenciar a pesquisa em psicologia moral e em educação moral no Brasil, uma vez que poucos estudos[6] (Monte, 2012; Amaral, 2017; Galhardo, 2018; Muneratto, 2019; Silva, 2019; Souza, 2019; Caetano *et al*, 2019; Caetano & Dell'Agli, 2020; Souza *et al*, 2020; Choi *et al*, 2020; Costa, 2022) foram desenvolvidos no país, baseados na TDS.

Entendemos que essa questão da história da recepção da teoria no Brasil tenha aspectos importantes a serem ressaltados: a TDS parece ter encontrado pouca receptividade entre os pesquisadores de psicologia e educação moral no Brasil; temos no Brasil uma tendência na área do desenvolvimento moral de nos apoiarmos nas teorias clássicas, sendo a teoria do Juízo Moral piagetiana e a teoria kohlberguiana aquelas que foram mais divulgadas, estudadas e pesquisadas pelos pesquisadores da área.

Por outro lado, quando se utilizam descritores como desenvolvimento moral, psicologia moral, domínio moral, e moralidade, o número de artigos relacionados à TDS não pode ser negligenciado, pois os autores e pesquisadores da referida teoria têm expressiva participação em publicações nos principais periódicos científicos de alto impacto da área, entre eles, *Child Development*, *Human Development*, *Journal of Moral Development*, *Journal of Adolescence Development*, entre outros (Lourenço, 2014). Dada a relevância da contribuição da TDS para os estudos de desenvolvimento moral e educação moral é que esse capítulo se propôs a estabelecer uma discussão teórica entre

6 Não foi realizada uma revisão bibliográfica sistemática para o levantamento desses estudos, sendo essa uma limitação reconhecida do presente texto. Além disso, soma-se a tais estudos aqueles orientados pelo professor Raul Aragão, já citados anteriormente.

as duas teorias, apresentando pontos de divergência e convergência entre elas. Passamos agora à apresentação de pressupostos centrais da Teoria do Juízo Moral de Jean Piaget, seguida da apresentação dos princípios norteadores da TDS, para, finalmente, apresentarmos aspectos divergentes e convergentes das teorias em discussão.

A TEORIA DO JUÍZO MORAL NA CRIANÇA DE JEAN PIAGET

A teoria piagetiana tem uma abordagem deontológica, isto é, o tema da moral diz respeito aos deveres e, portanto, responde à pergunta: como devo agir, ou, o que devo fazer? (Canto-Sperber & Ogien, 2004). Nas palavras do próprio autor: "Toda moral consiste num sistema de regras, e a essência de toda moralidade deve ser procurada no respeito que o indivíduo adquire por essas regras" (Piaget, 1932/1994, p. 23).

Para Piaget, o desenvolvimento moral é visto como um processo de construção, que necessita da interação social, ou seja, a moral se desenvolve em contextos sociais, sendo essencial para ele o protagonismo do sujeito no processo de elaboração das regras e negociação consciente sobre o funcionamento das mesmas, no regulamento das relações (Piaget, 1932/1994, 1948/2000, 1954/1994, 1965/1973).

O problema central da pesquisa piagetiana, que desencadeou a elaboração da sua teoria, intitulada "Epistemologia Genética", pode ser descrito pelas questões: como se dá o conhecimento e como o conhecimento passa de um nível inferior para outro majorante? (De Souza, 2002; La Taille, 1994, 2006; Smith, 2006; Chapman, 1988; Kesselring, 1991). A construção do conhecimento sobre o mundo normativo, ou mundo das regras, não se constituiu, portanto, um aspecto central de sua pesquisa (Carpendale, 2006).

Todavia, para melhor compreender a maneira piagetiana de pensar o desenvolvimento moral da criança, é preciso se atentar a quatro eixos comuns de sua teoria que são aplicáveis às estruturas da inteligência, ao conhecimento físico, à memória, às imagens mentais, e à moral: entre eles, sujeito epistêmico, gênese, interação e a construção (La Taille, 1994).

Quem é o sujeito de Piaget? "O chamado 'sujeito epistêmico', ou sujeito do conhecimento, estudado por Piaget, é aquele que, se ele tiver razão, encontra-se em todos nós quando elaboramos conhecimentos sobre o mundo e sobre nós mesmos" (La Taille, 2006, p. 15). Portanto, o autor se interessou pelo que seria comum ao desenvolvimento em todas as pessoas, o que vale também para os seus estudos sobre o sujeito moral.

Porém, o conceito de sujeito epistêmico de Piaget desencadeou algumas interpretações equivocadas, como, por exemplo, afirmar que "o sujeito epistêmico [de Piaget], além do mais, não tem sexo, personalidade, classe social, nacionalidade ou cultura" (Murray, 1983, p. 231). Piaget sempre sustentou os componentes comunicativo (relação sujeito/sujeito) e operativo (relação sujeito/objeto) das interações sociais como condições imprescindíveis para a construção do conhecimento (Lourenço, 1994), chegando a reconhecer que, embora tenha dado muitas vezes a entender que o sujeito epistêmico era universal, não ignorava a sua dependência do contexto (Piaget, 1972), admitindo, por exemplo, que o pensamento formal podia existir em certos domínios e não em outros (Piaget & Garcia, 1983/2011).

Portanto, pensar em um sujeito epistêmico ou epistemológico não implica ou significa pensar em um sujeito solitário ou descontextualizado (Cole, 1992). Há quem defenda, por exemplo, uma sociologia de Jean Piaget (Menezes, 1997), mas se não for possível comprová-la, há que se reconhecer ao menos que Piaget "elaborou uma teoria sociológica da construção do conhecimento que não é homogênea e que apresenta diversas abordagens em diferentes instâncias de sua obra" (Castorina, 2014, p. 43).

O sujeito epistêmico piagetiano é ativo construtor de sua inteligência e, na medida em que interage com os objetos, os assimila e os acomoda através de equilíbrios dinâmicos pautados em diferentes formas de organização da ação: nos primeiros meses de vida, exclusivamente física, para sucessivamente interiorizar as ações (simbolicamente) e alcançar a possibilidade de encaixar as ações em um sistema lógico (ações coordenadas e reversíveis) (De Souza, 2002, 2003). As ações, para Piaget, foram as fontes originais para o conhecimento causal e lógico-matemático, depois Piaget investigou as relações entre ação e consciência e, com a Teoria da Equilibração (Piaget, 1975/1976), pôde ampliar o conceito de equilibração na ação, ao investigar as relações entre os observáveis e as coordenações (Chapman, 1988).

A Epistemologia Genética de Piaget, ou psicogenética desenvolvimental, se sustenta na busca pelo ponto inicial do desenvolvimento da inteligência (Smith, 2006). Tal modelo teórico explica o desenvolvimento da inteligência, tendo como conteúdo básico a ação do sujeito que interage com os objetos, construindo, a partir dessas ações, formas e/ou estruturas de inteligência, que lhe permitem cada vez mais adaptar-se ao mundo em que vive. Pois, para Piaget, podemos definir uma interdependência entre a relação sujeito e objeto (De Souza, 2002; Folquito, Garbarino & Souza, 2023).

O estudo do ponto inicial do desenvolvimento *é importante* para Piaget na medida em que o trabalho de investigação da criança, ou seja, o estudo da psicologia da criança, lhe permite o acesso à ontogênese, e com ela a descrição dos mecanismos que constituem a própria fonte das diversas variedades do conhecimento (Troadec & Martinot, 2003). As relações entre o sujeito e o objeto permitem ao primeiro a passagem de um estado anterior para um ulterior de conhecimento, e, portanto, de desenvolvimento humano (Piaget, 1964/1986). Para Piaget, uma estrutura de inteligência é ponto de partida (gênese, portanto) para uma estrutura mais complexa, sendo que há "estrutura quando os elementos são reunidos em uma totalidade que apresenta certas propriedades como totalidade e as propriedades dos elementos dependem dessa totalidade" (Battro, 1987, p. 99). Portanto, para ele, os estágios têm caráter sucessivo (e não cronológico) e integrativo, porque cada um deles é necessário para a formação do seguinte (De Souza, 2004).

A coerente compreensão de estágios do desenvolvimento cognitivo, de acordo com a teoria piagetiana, se refere a sua análise estrutural do desenvolvimento, o que diz respeito a um esforço taxonômico de identificar formas de raciocínio que sucedem umas às outras no desenvolvimento cognitivo (Chapman, 1988).

As estruturas de inteligência são construídas pelo sujeito como formas de adaptação ao meio, quando o sujeito vivencia constantes mecanismos de assimilação e acomodação, que constituem o processo de construção do conhecimento: interagindo com os objetos do conhecimento, como é o caso da moral, retira elementos do objeto e os integra às suas estruturas (assimilação), assim como transforma a estrutura para dar conta das novidades do objeto assimilado (acomodação) (Piaget, 1964/1986). O mecanismo responsável pelas sucessivas assimilações e acomodações é chamado por Piaget de "equilibração" (conceito central da sua teoria construtivista do conhecimento) (Piaget, 1975/1976).

Piaget busca na psicologia os fatos e na epistemologia as normas que explicarão o desenvolvimento do sujeito, na sua empreitada de construção de conhecimento sobre os objetos (Smith, 2006; De Souza, 2014). Logo, para o autor, o sujeito investigado é o sujeito epistêmico, ou seja, o sujeito conhecedor, que ao interagir com o mundo constrói o conhecimento, desenvolvendo-se e tornando-se cada vez mais adaptado ao meio. Logo, o conceito de interação social é central para o autor e se refere às trocas entre o sujeito e o meio, como condição necessária aos processos de desenvolvimento, na medida em que promove os desequilíbrios e assegura a estruturação ou organização interna ao sujeito (Montangenero & Maurice-Naville, 1998).

Ainda que, ao escrever e publicar *O Juízo Moral na Criança*, Piaget (1932/1994) estivesse nos primeiros anos de elaboração de sua teoria, e apesar de não ter realizado outros estudos empíricos como aqueles que apresentou na obra sobre a criança e o mundo normativo, seus leitores e pesquisadores que o sucederam (Kohlberg, 1981; Martins, 1991; Turiel, 1983; Damon & Kesselring, 1993; Smith, 1993; Lourenço, 1994; De Souza, 2003; Carpendale, 2006; La Taille, 2006) reconheceram que os princípios acima descritos, norteadores de sua teoria, já estavam presentes e demarcados nas páginas do referido livro.

Por outro lado, se a Teoria do Juízo Moral na criança (1932/1994) apresenta relação explícita com os pontos centrais da Epistemologia Genética de Piaget – que é apontada por alguns autores como uma teoria focada no desenvolvimento cognitivo, ou na explicação da construção e desenvolvimento da inteligência da criança, ou seja, sem considerar a dimensão social do desenvolvimento (Russel, 1979; Vygotsky, 1934/1986; Wallon, 1928, 1942, 1951; entre outros) –, então "a interação social é constitutiva da produção intelectual" em *O Juízo Moral na Criança*, publicado por Piaget em 1932 (Castorina, 2014). Outros autores (Lourenço, 1994; Menezes, 1997; Kitchener, 2006; Kesselring, 1993; La Taille, 1992) também identificaram a importância do livro não só para a psicologia do desenvolvimento moral, mas para responder aos críticos que ignoraram as contribuições da obra para demonstrar a relevância das interações sociais no desenvolvimento cognitivo. Artigos científicos publicados em periódicos de grande impacto ainda dedicam páginas resenhando as contribuições da obra (por exemplo, Nucci, Turiel & Roded, 2017).

A peculiaridade da teoria de Piaget ainda está em enfatizar e defender cientificamente o ideal democrático, uma vez que "procura demonstrar que a democracia é condição necessária ao desenvolvimento e à construção da personalidade" (La Taille, 1994, p. 21). A tentativa de integrar o *homo sapiens* ao animal político é louvável na obra, pois o autor se esmera ao apresentar a moral como a lógica da ação humana, ou seja, reúne a normatividade ao desenvolvimento, promovendo o valor dos direitos humanos como condição necessária ao pleno desenvolvimento (La Taille, 1994).

A grande novidade da obra foi apresentar duas formas de moralidade na criança, a moral da obediência (heteronomia) e a moral do bem (autonomia) (Piaget, 1932/1994; La Taille, 1994). De acordo com a teoria piagetiana, as duas formas de moral (heterônoma e autônoma) são construídas a partir das interações sociais, logo, a hipótese da educação moral como fruto da transmissão social e do sentimento do sagrado (Durkheim, 1925/1973) está rejeitada, bem como a hipótese da internalização inconsciente dos valores morais (Freud, 1930/1996). Igualmente importante, a moral autônoma é apresentada em sua obra como uma forma de equilíbrio majorante da moral heterônoma, e, mais que isso, a moral da cooperação ou da reciprocidade é uma forma de síntese do interesse das pessoas individualmente e em comum acordo, ou seja, representa o equilíbrio do sistema social entre partes e o todo (Chapman, 1988).

Ainda que a obra tenha sido escrita nos primeiros anos de pesquisa do autor, apresenta dados empíricos que sustentam uma teoria sobre a moralidade, organizada como um sistema de relações e interdependências que incluem as interações sociais recíprocas das crianças e as relações entre o seu pensamento, afeto e ação (Turiel, 2005). "A ideia de que as crianças participam na elaboração das normas é a parte central de uma das maiores contribuições de Piaget para a explicação do desenvolvimento social, cognitivo e moral" (Turiel, 2005, p. 23). A obra descreve o desenvolvimento do juízo moral envolvendo um processo de diferenciação entre justiça e autoridade (Turiel, 2013), e discute o desenvolvimento do entendimento e uso, por parte da criança, das regras no contexto de diferentes relações sociais e outros aspectos da atividade prática moral da criança, como mentira, justiça e outros (Carpendale, 2006).

Partindo do pressuposto piagetiano de que a autonomia é fruto de um processo de construção pessoal e que se trata de uma forma mais evoluída de desenvolvimento de juízo moral, que se constitui a partir da vivência de relações sociais cooperativas, a moralidade piagetiana é apresentada como objetivo máximo do desenvolvimento humano: "Os mais importantes fatores para o desenvolvimento da autonomia das crianças são: oportunidade de trocar pontos de vista com outras pessoas e a possibilidade de tomar decisões" (De Vries & Zan, 1998).

A obra é dividida em 4 capítulos. O primeiro, intitulado "As regras do jogo", investiga como as crianças praticam as regras do jogo e como tomam consciência dessas regras. O jogo é identificado como uma instituição social admirável, pois comporta um complexo sistema de regras que regulam o comportamento das crianças (Piaget, 1932/1994). Várias críticas são feitas ao autor por ter iniciado suas investigações por regras do jogo, que parecem ser meramente convencionais (Turiel, 1983; Smetana, 2014); todavia, o interesse do autor estava em compreender como as crianças praticam e entendem a natureza das regras, ou seja, o estudo dos juízos das crianças sobre as regras do jogo permitiu investigar o desenvolvimento do hábito das crianças de agir conforme as normas, e também investigar como as crianças criam e justificam normas que elas consideram válidas (Carpendale, 2006).

O quadro a seguir apresenta um breve resumo das fases de prática e consciência de regras apresentados pelo autor.

Quadro 2. Quadro evolutivo da prática e consciência das regras

Estágios	Descrição
Estágio motor e individual	1- Encontrado nas crianças de 0 a 2 anos aproximadamente. 2- Neste estágio, as crianças apenas manipulam as peças do jogo, segundo seus hábitos e/ou próprios desejos, sendo a regra suportada pelo inconsciente, portanto, não concebida como realidade obrigatória.
Estágio egocêntrico	1- Neste estágio as crianças recebem as regras do exterior, imitam os exemplos dos mais velhos, e jogam sem se preocupar com os parceiros, com as regras e/ou com o vencer. Compreendem a regra como sagrada, intangível, de origem adulta, e impossibilitada de ser modificada.
Estágio da cooperação nascente	1- Tais características são encontradas por volta dos sete e oito anos. 2- Nota-se, neste estágio, que os jogadores já procuram vencer, controlar e unificar mutuamente as regras, ainda que elas variem e sejam contraditórias entre eles.
Estágio da codificação das regras	1- Encontrado entre as crianças de onze e doze anos. 2- Nesta fase, as crianças alcançam a regulação das regras, que se tornam invariáveis. Regras e procedimentos são esmiuçados a ponto de o seu combinado se tornar mais importante para os jogadores que o próprio jogar. Nestes dois últimos estágios, a lei da regra é imposta pelo consentimento mútuo, e o respeito a ela é, por este mesmo motivo, obrigatório.

Fonte: Caetano (2008).

O segundo capítulo da obra investiga a coação adulta e o realismo moral. A heteronomia, ou a primeira fase do desenvolvimento moral infantil, é chamada de "moral da obediência", pois diz respeito às primeiras formas da consciência do dever na criança e que se fundamentam nas atitudes das crianças que obedecem ou deveriam obedecer às regras impostas pelos mais velhos – seus pais, irmãos, professores e outros adultos com os quais convive – ao reconhecer neles a fonte e o modelo dessas regras (Piaget, 1932/1994).

O menino heterônomo obedece a partir de um controle interno já existente, instalado pelo reconhecimento da autoridade na pessoa dos seus pais e, desta forma, pode-se caracterizá-lo moral (Piaget, 1932/1994; La Taille, 2010). A obediência é um dos tipos de relações sociais que a criança estabelece com os adultos ou com os representantes de sua espécie com os quais convive e que são mais velhos do que ela. Até os três anos já ouviu algumas correções de seus pais, quando já não foi punida, infelizmente, às vezes, até fisicamente; porém, a sua inteligência sensório-motora ainda representa um empecilho para a construção da primeira forma de moral: a heteronomia (Piaget, 1932/1994).

A moral da obediência ou a heteronomia é caracterizada pelo respeito unilateral pelo adulto e por suas regras. A origem da moralidade é o senso de obrigação que se origina pelo sentimento de respeito. O conceito de respeito, inspirado pelo psicólogo suíço Pierre Bovet (1858/1917), tem suas raízes em certos sentimentos inatos, sendo considerado, portanto, a mistura entre amor e temor, que se desenvolve como resultado das interações sociais entre a criança e os adultos próximos que são por ela responsáveis (Piaget, 1932/1994). O respeito é um dos temas centrais do livro *O Juízo Moral na Criança* (Kesselring, 1993).

Na gênese da moral na criança pequena, o respeito é o sentimento experimentado pelos pequenos em relação aos maiores, que inicialmente é temor do castigo pela desobediência, receio de perder o afeto e os cuidados desse adulto, ou seja, o respeito unilateral, próprio das relações de moral heterônoma, ou seja, o primeiro sentimento moral (Piaget, 1932/1994). Entender o tipo de abordagem de moralidade proposta por Piaget é considerar a sua visão de que a abordagem emocional está conectada ao raciocínio moral e seu desenvolvimento, sendo o respeito, entre a simpatia, a compaixão e os afetos, o principal sentimento identificado por Piaget (Turiel, 2006).

O respeito unilateral desempenha a função de desenvolver na criança o sentimento de obrigatoriedade que a leva a aceitar todas as instruções transmitidas pelos pais e é, assim, o grande fator de continuidade das gerações. O respeito unilateral "constitui a consciência elementar do dever e o primeiro controle normativo do qual a criança é capaz. Mas parece-nos evidente que esta aquisição não basta para constituir a verdadeira moralidade" (Piaget, 1932/2000, p. 299).

Logo, ainda que não seja suficiente para a construção da moralidade, o respeito unilateral tem a sua importância para tal construção, enquanto gênese da moralidade na criança. Uma vez que os pais abdicam de seu papel enquanto fonte e modelo de regras, as crianças permanecem na anomia (Caetano, 2022). Por outro lado, se os pais insistirem na heteronomia, impondo às crianças regras inquestionáveis, acreditando que os filhos devam acatar às ordens dos pais, e não se disponibilizando por explicar as justificativas para tais regras, negando-se também a dialogarem com seus filhos, e inclusive fazendo-se valer de ofensas, sob o pretexto de educá-los, estarão reforçando por meio do respeito unilateral a permanência do sujeito na heteronomia através de relações interindividuais fundamentadas na coação (Caetano, 2022b).

Auxiliar a criança a se desenvolver moralmente, portanto, implica auxiliá-la a conhecer e respeitar as regras, refletindo sobre elas, compreendendo os seus princípios de modo que ela possa expor seus pontos de vista e tenha a oportunidade de realizar escolhas, arcar com as consequências de seus atos e trocar pontos de vista. "Regra supõe respeito e este implica autoridade, disciplina, referência, entrega e sobretudo trabalho e construção" (Macedo, 1996, p. 194).

Na medida em que a criança constrói conhecimento sobre regras e passa a respeitá-las por tomada de consciência de sua necessidade, ela aprende a obedecer às regras, o que é totalmente diferente de obedecer às pessoas. Logo, quando o respeito unilateral é substituído pelo respeito mútuo, uma nova forma de equilíbrio das relações interindividuais se estabelece (Piaget, 1964/1994).

O respeito mútuo aparece como a condição necessária da autonomia, sob seu duplo aspecto intelectual e moral. Do ponto de vista intelectual, liberta a criança das opiniões impostas, em proveito da coerência interna e do controle recíproco. Do ponto de vista moral, substitui as normas da autoridade pela norma imanente à própria ação e à própria consciência, que é a reciprocidade na simpatia (Piaget, 1932/1994).

Ainda no segundo capítulo do livro, Piaget discute o realismo moral e a responsabilidade objetiva. O realismo moral é característico da criança egocêntrica, que não pode cognitivamente coordenar os seus pontos de vista com os dos outros, por isso também toma as regras ao pé da letra, considerando-as intransponíveis e intocáveis, além do fato de considerarem as consequências concretas dos atos mais importantes do que a intenção daquele que agiu (Piaget, 1932/1994). As investigações de Piaget revelaram que as crianças pequenas tendem a focar nos danos materiais e ignorar os motivos e/ou caráter dos protagonistas das histórias por ele contadas (Carpendale, 2006).

No terceiro capítulo, Piaget (1932/1994) discute a cooperação e o aparecimento da noção de justiça. A justiça é a condição imanente e a lei de equilíbrio das relações, e, dessa forma, as noções de justo e injusto são elaboradas pela criança e se desenvolvem normalmente à revelia da interferência do adulto, como fruto das relações de cooperação: "Há uma noção, a mais racional, sem dúvida, das noções morais, que parece resultar diretamente da cooperação, cuja análise psicológica pode ser tentada sem muitas dificuldades: a noção da justiça" (Piaget, 1932/1994, p. 156).

São duas e diferentes noções de justiça. A primeira, intitulada de "justiça retributiva", é constituída por dois elementos: as noções de expiação e recompensa, e, por outro lado, a reposição ou reparação, que constitui o elo de solidariedade com o grupo, quebrado pelo "culpado" ao descumprir a regra. Da mesma forma, pode-se afirmar a existência de três origens para os aspectos principais da retribuição: "Certas reações individuais condicionam o aparecimento da retribuição, a coação adulta explica a formação da noção da expiação, e a cooperação explica os destinos ulteriores da noção de sanção" (Piaget, 1932/1994, p. 241).

A punição firmada na intervenção do adulto desempenha uma função de, somada aos fatores individuais, desencadear psicologicamente na criança a ideia de sanção expiatória. Porque a criança gosta de seus pais e desde bebê tem seus comportamentos sancionados por eles, acaba por compreender a sanção como moralmente obrigatória, pois, para ela, aceitar as punições constitui a mais natural das reparações (Piaget, 1932/1994).

A justiça distributiva, por sua vez, está ligada à ideia de igualdade (Piaget, 1932/1994). Diz-se que uma distribuição de recursos é injusta quando favorece a uns e deixa faltar a outros. Todavia, a justiça distributiva por igualdade ainda não é a noção mais evoluída, pois há uma última fase do desenvolvimento da justiça, quando a generosidade se alia à justiça e o sujeito é capaz de considerar as circunstâncias pessoais de cada um, ou seja, a equidade distribui de forma justa, favorecendo aos pequenos e desvalidos.

As noções de respeito unilateral e mútuo e as noções de justiça retributiva e distributiva (por igualdade e equidade) são discutidas por Piaget (1932/1994) de forma a estabelecer relações entre os dois tipos de sentimentos morais e os dois tipos de relações sociais que a criança e o adolescente vivenciam: a coação e a cooperação. A noção de justiça é o conceito mais pertinente para explicar o desenvolvimento espontâneo de ideias de cooperação e reciprocidade entre crianças (Chapman, 1988). A moralidade proposta por Piaget só se desenvolve na relação entre as pessoas, e "o sentido de justiça é fundamentado nas pessoas, sendo equitativamente valorado, e isto é uma propriedade que emerge das relações cooperativas entre as crianças e os outros, baseada no respeito mútuo" (Carpendale, 2006, p. 273).

Em outras palavras, a proposta do respeito mútuo, da obediência aos princípios de justiça que nascem das relações de cooperação, é o caminho único para a construção da autonomia. E, portanto, o construto é definido como: "A autonomia é um poder que se conquista de dentro e que só se exerce no seio da cooperação" (Piaget, 1932/1994).

A autonomia, para a moralidade, está ligada a dois sentidos: à questão da liberdade e à questão da autoridade (La Taille, 2006). O autônomo é aquele que pratica regras comumente acordadas, fruto de uma construção democrática de coordenações de diferentes pontos de vista, ou seja, livre de coação externa (autoritarismo e imposição dos mais fortes ou poderosos) ou interna (valores internalizados e inconscientes) (La Taille, 2009).

O caminho para a construção da autonomia moral pressupõe a liberdade e a ausência da autoridade, e os conflitos interpessoais devem promover a reconstrução de relações fundamentadas na reciprocidade e na mutualidade. Os adultos, por serem autoridade, não podem ser fonte de justiça, porque a justiça supõe a convivência autônoma. Entender isso implica entender que a autoridade deve praticar a justiça junto às crianças, ser exemplo dela, sustentá-la no modelo de suas ações junto a ela (Caetano, 2023). O adulto, que é a autoridade da relação, não está eximido do propósito da convivência justa, ao contrário, para além de palavras justas, o que importa é a justiça que precisa orientar as suas ações (Piaget, 1930/1994, 1932/1994, 1948/2000).

Quando os adultos mantêm com as crianças relações de coação, elas são vencidas interiormente pelo poder exacerbado da autoridade e não podem, dessa forma, construir seus próprios pontos de vista, distinguir o que é certo ou errado na própria atitude e na de seus genitores, o que poderia impossibilitar-lhes a superação da moral heterônoma. Por outro lado, quando a criança constrói o respeito mútuo e os princípios de justiça como dever e as regras são fundamentadas em tais princípios e cumpridas por opção racional, atinge-se a forma de equilíbrio superior no desenvolvimento moral, a autonomia (Piaget, 1934b/1998, 1945/1998).

Piaget não definiu estágios globais do desenvolvimento moral em seu livro, e, pelo contrário, ao tratar de heteronomia e autonomia, teorizou sobre formas de equilíbrio ideais (Carpendale, 2006): "Coerção existe desde os primeiros dias de vida, e as primeiras relações sociais contêm os germes da cooperação" (Piaget, 1932/1994, p. 75). Por outro lado, ainda se pode ler em *O Juízo Moral na Criança*: "Podemos dizer que o respeito mútuo ou a cooperação nunca se verificam completamente. São formas de equilíbrio não só limitadas, mas ideais" (Piaget, 1932/1994, p. 83).

Logo, retomamos aqui a peculiaridade da obra e seu brilhantismo, em aproximar o desenvolvimento da criança dessa dimensão tão típica do ser humano que é a social e política (La Taille, 1994). Ao fazê-lo de forma científica, através da análise de seus dados empíricos em diálogo com sociólogos e psicólogos de sua época (Durkheim, Facounet, Bovet e Baldwin), Piaget (1932/1994) apresenta uma verdadeira e otimista proposta de crença na capacidade ética de nossa espécie. No quarto capítulo do livro, o autor expõe o diálogo com os pesquisadores anteriormente citados, resume e discute os seus achados e defende as duas formas de moral na criança, definindo a autonomia como uma possibilidade real e concreta de um ser humano cooperativo, respeitoso, justo e, portanto, generoso com seus semelhantes (Piaget, 1932/1994).

Terminada a apresentação da Teoria do Juízo Moral de Jean Piaget, passamos à apresentação da TDS e seus principais pressupostos.

TEORIA DO DOMÍNIO SOCIAL

A pesquisa de moralidade dentro da abordagem interacionista possui o diferencial de considerar os vários fatores que influenciam o indivíduo para que ele construa os seus valores morais (Piaget, 1947; Turiel, 1983; Carpendale, 2006). Segundo a TDS (Turiel, 1983; Smetana, 2005), a multifatoriedade de influência sobre os valores sociais é também, obviamente, condição para compreender esse processo, e a questão central desenvolvida pela abordagem é exatamente essa, que nem todos os valores sociais são morais. "Precisamos também levar em conta como a moralidade interage e é influenciada por valores sociais e considerações amorais, pois ambos estruturam os sistemas sociais e produzem os julgamentos morais dos indivíduos" (Nucci, 2000, p. 73).

O conceito que distingue as regras morais das convenções sociais foi elaborado por Turiel (1983) e sua teoria ficou conhecida como a Teoria do Domínio Social (TDS). Tal teoria, depois de longa pesquisa com vários e diferentes tipos de métodos (Smetana, 2005; Killen & Smetana, 2014), defende a ideia de que desde muito cedo as crianças são capazes de distinguir entre diferentes domínios que compõem o conhecimento social: o domínio moral e o domínio convencional (Tisak, 1993; Yau & Smetana, 2003; Smetana, 2013). Os conceitos morais são compreendidos como universalmente aplicáveis, obrigatórios, impessoais e generalizáveis, uma vez que as transgressões morais são erradas por terem efeito sobre os direitos e bem-estar dos outros. O domínio convencional, por um lado, provê o indivíduo de expectativas a respeito do comportamento adequado, unificado, e se refere às normas arbitrárias propostas pelo contexto social; por outro lado, o domínio pessoal se refere às escolhas e preferências pessoais que têm consequências somente para o seu próprio autor (Smetana, 2005).

O objetivo principal dos estudos de Turiel foi examinar os julgamentos sociais de crianças e adolescentes; o curso de desenvolvimento desses julgamentos; as relações entre experiências sociais e desenvolvimento; as relações entre julgamento social e comportamento social (Turiel, 1983). Os modelos de psicologia de desenvolvimento deram pouca atenção às concepções das crianças sobre as relações sociais, assim como as teorias de psicologia social também nunca tiveram grande interesse pelo entendimento da criança sobre os atributos psicológicos das pessoas, e como as interpretações que a criança realizava a respeito do próprio meio social interferiam no desenvolvimento humano (Turiel, 1983, 1989).

Os primeiros estudos de Turiel (1975, 1978, 1979) tiveram como objetivo investigar algumas "anomalias" na sequência de estágios de Kohlberg (Power, Higgins & Kohlberg, 1989). Como participante do grupo de pesquisa de Kohlberg, passou a investigar esses dados e se destacou exatamente por fundar uma proposta de pesquisa pautada em revisão de seus princípios teóricos. Inicialmente, Turiel investigou os mecanismos de julgamento moral dentro dos estágios de desenvolvimento moral kohlberguianos, sendo que o interesse pelas regressões e os estados de transição entre estágios o encaminhou para resultados que o levaram a diferenciar os julgamentos de temas morais de outros tipos de temas sociais (Martins, 1991).

A teoria piagetiana é reconhecida como inspiração, base epistemológica e empírica para a teoria dos domínios. Dois aspectos da teoria piagetiana foram o ponto de partida para o autor: a distinção entre o conhecimento físico, lógico-matemático e social, e o conceito de estrutura (Turiel, 1983, 1989).

Piaget sempre distinguiu conhecimento físico, conhecimento lógico-matemático e conhecimento social, bem como distinguiu as atividades operativas das figurativas, as operações reversíveis das não reversíveis; porém, infelizmente, o interesse de Piaget não se conservou em desenvolver simetricamente todos esses territórios de conhecimento, porque teve um sistema mais compacto que respondia sua pergunta epistemológica, o lógico-matemático, sistema este que elegeu para responder o problema da inteligência (Turiel, 1989). Essa realidade na

Epistemologia Genética de Piaget talvez seja de fato responsável por toda a crítica tecida ao autor no que diz respeito à apontada ausência de consideração dos aspectos sociais na teoria piagetiana da inteligência (Lourenço, 1994; Menezes, 1997; Castorina, 2014).

Os estudos piagetianos sustentaram também o enfoque predominante de estrutura como sistema global integrador, ou seja, se assume que a estrutura do pensamento é caracterizada por sistemas de organização nos quais os elementos ou partes são subordinados pela lei do todo (Turiel, 1989).

Todavia, o próprio Piaget, em seus últimos anos de pesquisa, também revisitou os conceitos de estrutura, estágios, homogeneidade e heterogeneidade. "Em seu último trabalho, Piaget (1989) esboça uma modificação da tese da unicidade das estruturas para caracterizar os estágios como resultado do avanço das pesquisas empíricas e da teoria da equilibração" (Castorina, 2014).

Conhecedor da literatura piagetiana, especialmente seus últimos estudos, Turiel (1983, p. 9) se baseou nas premissas: "Enquanto as primeiras formulações [piagetianas] caracterizaram o pensamento da criança como progredindo de fases gerais para fases globais, suas últimas formulações incluíram uma série de distinções servindo para diferenciar tipos de conhecimento". O autor utilizou o segundo capítulo do livro publicado em 1983, intitulado "O desenvolvimento do conhecimento social: moralidade e convenção", para discutir as questões epistemológicas piagetianas, numa espécie de defesa às críticas efetivadas à perspectiva estrutural desenvolvimental da Epistemologia Genética, que ele tomou como pressupostos fundadores da sua própria teoria (Turiel, 1983).

No referido capítulo, Turiel (1983) apresentou uma revisão bibliográfica dos diferentes críticos da abordagem estrutural desenvolvimental de Jean Piaget, e afirmou que boa parte dessas críticas eram inconsistentes exatamente por não compreenderem de forma adequada a formulação de estágio e sequência elaborada pelo autor. O mais interessante dessas explicações foi exatamente as preposições sobre estágio, sincronia e assincronia desenvolvimental, e equilibração, ou seja, os princípios epistemológicos piagetianos dos quais Turiel (1983) compartilhou.

O primeiro princípio é a experiência. O princípio interacionista piagetiano foi retomado por Carpendale (2006, p. 276) ao afirmar que "para Piaget a moralidade não pode ser encontrada nem no coletivo nem no individual, mas em vez disso desenvolve-se com as relações entre as pessoas", ou seja, a ideia de justiça, por exemplo, não é inata e não é imposta pela sociedade, mas a criança a constrói a partir das relações interpessoais. Dessa forma, como afirmou Turiel (1983), a experiência não é cópia ou internalização do conteúdo do ambiente, mas "a proposição interacionista é que o conhecimento é formado através da ação dos sujeitos sobre os eventos, sobre as tarefas e problemas, assim como através das reflexões sobre as ações" (Piaget, 1976, 1980). A natureza dos eventos e tarefas, a familiaridade com eles, ou seja, as variáveis da experiência também estão em interação com os estágios de desenvolvimento (Turiel, 1983).

Autores que assumiram um ponto de vista estrutural (por exemplo, Kohlberg) aplicaram o pressuposto de que os indivíduos utilizam uma forma de juízo social (moral) em uma variedade de situações sociais e não fazem diferenciações adequadas entre diferentes domínios sociais e entre diferentes funções cognitivas, provocando justaposição de duas ideias – a primeira, de que o desenvolvimento envolve transformações estruturais, e a segunda, a interpretação global da estrutura (Turiel, 1989, p. 45).

A hipótese da Teoria do Domínio Social caminhou em um sentido oposto, de que "os indivíduos constroem sistemas coerentes de pensamentos que servem para estruturar as suas interpretações das novas informações e evidências, e que nem sempre esses sistemas parciais estão em dependência do sistema global estruturador" (Turiel, 1983). Logo, pensar sobre as estruturas que organizam a ação (seja concreta ou em plano mental) como sistemas organizados implica pensar sobre as noções de estágio e sobre as questões da heterogeneidade e homogeneidade do pensamento (Martin, 1991).

De acordo com Turiel (1983), respondendo à crítica de que os estágios são um tipo de estrutura autônoma unificada e independente, "a noção de estágio não implica que todas as formas de pensamentos são parte de um mesmo sistema de organização". A proposição tureliana é de que o conhecimento social é organizado no interior de domínios e não através do domínio. A diferença é, então, que: "Forças adicionais de heterogeneidade no pensamento vêm das diferenças entre os conhecimentos, as informações sociais e o conhecimento de conceitos sociais" (Martins, 1991, p. 46).

Portanto, para Turiel (1983), fontes adicionais de heterogeneidade do pensamento derivam de diferenças entre conhecimento informacional social e conhecimento conceitual social. A Teoria do Domínio Social se pauta exatamente na existência e confluência na homogeneidade e heterogeneidade do pensamento na cognição. Para essa teoria, a homogeneidade esperada de um estágio ou nível de desenvolvimento é restrita ao pensamento, dentro estritamente do domínio conceitual. Do ponto de vista estrutural, ambos, homogeneidade e heterogeneidade, estão funcionando dentro da cognição. A homogeneidade que é esperada de um estágio de nível de desenvolvimento é restrita ao pensamento dentro, estritamente, do domínio dos conceitos, da construção de conceitos. As variações no pensamento do indivíduo devem derivar de diferentes domínios e da intersecção do conhecimento informacional e conceitual. Logo, a homogeneidade é esperada dentro de cada estágio e a heterogeneidade é esperada para os domínios (Martins, 1991).

Finalmente, em relação à sincronia e assincronia desenvolvimental, Turiel (1983) argumentou que a sua proposição é contrária à ideia geral de sincronia desenvolvimental. Todavia, a defesa da perspectiva da equilibração como resposta ao problema do desenvolvimento cognitivo (Piaget, 1975/1976) foi assumida na perspectiva tureliana, respondendo a essa crítica da sincronicidade dos estágios piagetianos, e a essa ideia da transição abrupta dos estágios em vez de gradual.

A polêmica sincronia versus assincronia não procede e tampouco descaracteriza a noção de estágio de Piaget (Lourenço, 1994). Piaget nunca defendeu: "(1) que todas as competências operatórias concretas se baseiam em uma única estrutura; nem (2) que todas elas emergem de forma perfeitamente paralela e solidária" (Lourenço, 1994, p. 99). A heterogeneidade e assincronia na teoria estrutural piagetiana se constatam quando se interpreta o conceito de "estrutura de conjunto" de Piaget (1964), levando em conta a sucessão, a consolidação e o equilíbrio de um conjunto de funções capazes de explicar as principais condutas de um estágio.

Cada novo estágio representa uma forma mais equilibrada de entendimento do ambiente, dos estágios prévios, e esse estado estrutural constitui a base para as interações ambientais: "O processo de transformação de um estágio para o próximo é regulado pela equilibração [...] cada estágio de desenvolvimento representa uma forma mais equilibrada de entender o ambiente que a anterior" (Turiel, 1983, p. 19).

O diálogo da TDS é realizado com os últimos estudos (do ponto de vista cronológico) de Piaget (1965/1973, 1975/1976), especialmente ao considerar o desenvolvimento humano como um Sistema Complexo, ao mesmo tempo aberto e fechado, organizado pelo processo de autorregulação constante, no qual cada novidade é submetida às observáveis e coordenações recíprocas e reversíveis do sujeito e do objeto (Piaget & Garcia, 1996/2011). Logo, a relação entre o sujeito e suas interações sociais é permeada pelas inconsistências, contradições, conflitos e discrepâncias, que também são componentes essenciais do processo de equilibração.

Duas proposições sobre as interações das crianças com o meio são importantes premissas para a compreensão da TDS: as interações são recíprocas e os diferentes tipos de eventos vivenciados pela criança produzem distintos domínios de pensamento (Turiel, 1983, 2005; Nucci, Turiel & Roded, 2017). Logo, a criança constrói conhecimento sobre a sua realidade social agindo e refletindo sobre sua ação e, ainda, ao experienciar as situações e eventos, as crianças elaboram seleções individuais, interpretam e sistematizam elementos de sua experiência, sendo as experiências sociais sistematicamente relacionadas ao desenvolvimento de conhecimento social. Entendendo que as experiências sociais são de variados tipos, os conceitos sociais também precisam ser conhecidos em suas especificidades (Turiel, 1983).

O Domínio Social é, para Turiel (1989), o principal sistema informacional a ser considerado na psicologia do desenvolvimento, pois, segundo ele, a natureza ou o domínio de uma interação social tem uma relação significativa com a maneira de o indivíduo pensar sobre si mesmo e influencia o desenvolvimento da criança. Além disso, para a psicologia explicar o social (sistema econômico, político, religioso, moral ou convencional), necessita coordenar os domínios da investigação com a explicação do pensamento e da conduta, sendo que a sua principal tese, o interesse pelo conhecimento do mundo social ou da conduta social, supõe um interesse concomitante pela classificação e definição dos domínios sociais (Turiel, 1989).

A ideia principal da teoria tureliana é de que o conhecimento sobre o mundo social não forma um sistema unificado, mas sim é explicado no interior de estruturas parciais conceituadas, como ele diz: “Estruturas cognitivas são parciais naquilo que elas abrangem domínios delimitados de conhecimento" (Turiel, 1983, p. 20). Em outras palavras, fundamentado no conjunto de dados empíricos que apresenta e amparado pela base teórica anteriormente apresentada, sua ideia central consiste na necessidade de se "distinguir funções sociocognitivas que constituam sistemas organizados de pensamento de funções sociocognitivas de pensamento que não formam sistemas organizados" (Turiel, 1989).

Os sujeitos utilizam o que conhecem, ou seus sistemas cognitivos de organização, como meios para obter mais informações e dados do entorno social, isto é, o indivíduo extrai, reproduz, interpreta e reorganiza informações sobre pessoas, sobre as interações que se produzem sobre estas e sobre os sistemas de organização social. Essas formas de informações sociais se obtêm e se reproduzem mediante o uso de métodos que incluem atividades como observação, imitação, adoção a nível simbólico da perspectiva dos demais e, portanto, à medida que se acumulam esses métodos, essas atividades funcionam como meios para representar a informação, sem produzir diretamente transformações conceituais. Assim, pois, os métodos não formam sistemas organizados e não experimentam transformações estruturais (Turiel, 1989).

Conhecimento social se divide em domínios distintos: nem todas as funções cognitivas formam sistemas organizados, porque nem todo desenvolvimento supõe transformações qualitativas, de qualidade de estrutura; então as estruturas são parciais porque abarcam determinados territórios ou delimitados domínios do conhecimento. Os indivíduos constroem, então, teorias sobre o mundo que formam sistemas integrados com as estruturas produzidas pelo conhecimento lógico-matemático (Turiel, 1983, 1989).

O sistema complexo que constitui o desenvolvimento cognitivo humano reúne simultaneamente um sistema conceitual e informacional que constituem o pensamento, sendo que certos sistemas, por serem informacionais, ainda que promovam o desenvolvimento do pensamento, não constroem ou modificam estruturas conceituais do mesmo pensamento e, portanto, não formam sistemas organizados; todavia, nem por isso devem ser desconsiderados, ou negligenciados, ou ainda considerados inferiores em relação aos primeiros conhecimentos que constituem sistemas organizados (Turiel, 1989). Mas há uma reconhecida interdependência e reciprocidade entre os dois sistemas: o conceitual e o informacional (Turiel, 1983).

A crítica principal ao enfoque estrutural está em afirmar que todos os aspectos do pensamento estão inter-relacionados: os juízos morais estão integralmente relacionados com os tipos de pensamento utilizados nos domínios não sociais; todos os aspectos do pensamento seguem os princípios de estrutura e transformação; todo o desenvolvimento avança desde um estado de indiferenciação global a estados de maior diferenciação (Turiel, 1989).

Em resumo, para Turiel (1983), o pensamento social se organiza em domínios específicos. O mundo social abarca pessoas e interações ou relações entre as pessoas. Dessa forma, na interação e na relação com o mundo social, as crianças constroem diferentes domínios que regulam suas ações. Esses domínios coexistem e cabe ao sujeito pesá-los e coordená-los, conforme as demandas do indivíduo integradas às demandas do contexto, a fim de resolver os conflitos. A complexidade do processo racional, afetivo e social permite ao indivíduo sobrepor um domínio a outro, devido a um conjunto de complexos e distintos fatores (contextuais, culturais, individuais) que interferem nos diferentes tipos de julgamentos que sustentam os raciocínios e as condutas das pessoas (Smetana, 2006; Killen & Smetana, 2014; Smetana, Jambon & Ball, 2014; Nucci, Turiel & Roded, 2017; Turiel, 2023).

A tabela a seguir apresenta de forma resumida os domínios identificados pela TDS: domínio moral, domínio convencional, domínio pessoal e domínio prudencial, juntamente com seus critérios de julgamento e tipos de justificativas. Depois de apresentarmos essa caracterização dos domínios, ainda apresentaremos outros relevantes conceitos da teoria: domínios multifacetados, domínios de segunda ordem, sobreposição de domínios, pressupostos informacionais e outros aspectos teóricos importantes elaborados pela teoria.

Quadro 3. Os tipos de domínios

Domínio	Tipos de Julgamentos	Critérios de Julgamentos
Moral	1- Baseiam-se na preocupação com o bem-estar do outro; 2- Baseiam-se na consideração de sentimentos, necessidades, direitos e condição alheia; 3- Baseiam-se em conceitos relacionados com a justiça por igualdade ou equidade; 4- Baseiam-se nas consequências intrínsecas das ações para com os outros e são independentes das regulações sociais ou das expectativas ou diretrizes das autoridades.	**1- Alterabilidade:** as ações morais não se percebem como relativas ao contexto social. Não se alteram com o contexto (não são arbitrárias); **2- Obrigatoriedade:** é determinada por fatores inerentes às relações sociais e se opõe às formas concretas de organização social; **3- Generabilidade:** as ações são generalizáveis pois estão focadas na justiça como condição imanente das relações interpessoais, portanto, não são suscetíveis às variações de contexto; **4- Incontingência à autoridade:** as ações são independentes dos acordos sociais, ou do direcionamento de autoridade, sendo que inclusive se opõem a essas demandas quando contradizem os princípios da ação.
Convencional	1- Submetem-se à autoridade (preocupação com punições, regras e ordem externa); 2- Trata-se de um tipo de conhecimento compartilhado e, portanto, são pertencentes às leis e às regularidades sociais; 3- Levam a saber sobre o que esperar dos demais e o que os demais esperam da gente (expectativa social); 4- Preocupações com as ordens sociais.	**1- Alterabilidade:** as ações são arbitrárias (outras condutas alternativas poderiam servir a funções similares); **2- Obrigatoriedade:** está atrelada às condições do contexto, sendo que transgressão implica o desvio da uniformidade da organização social; **3- Relatividade Contextual:** as ações são validadas pelo consenso social, portanto, relativas ao contexto social, não sendo generalizáveis; **4- Contingência à autoridade:** as ações são dependentes dos acordos sociais, ou do direcionamento das autoridades.

Pessoal	1- Não diz respeito ao certo ou ao errado; 2- Diz respeito unicàmente a si mesmo; 3- Questões que dizem respeito ao controle do próprio corpo e à privacidade; 4- Trata de questões de escolhas e preferências.	1- São ações circunscritas pelos conceitos pertinentes ao "self"; 2- Restrito às ações cujas consequências afetam principalmente o sujeito, sem que isso resulte em quebra de ordem social ou injustiça com os outros; 3- A área de prerrogativa pessoal; 4- Não deve ser generalizado, pode ser alterado a depender da decisão pessoal, e não se submete à autoridade ou opinião coletiva, tampouco às preocupações de domínio moral.
Prudencial	1- As justificativas pertencem ao fato de que as consequências dos atos são única e exclusivamente para a pessoa que está realizando o ato (não atinge mais ninguém); 2- Traduzem preocupações com a saúde e/ou segurança.	1- São atos definidos como não sociais; 2- Pertencem às questões atreladas à saúde e segurança, portanto, são analisadas conforme as prerrogativas de cada pessoa, e, por isso, são julgadas dentro da jurisdição pessoal; 3- Trata-se de atos que têm consequências apenas para o sujeito e não para outras pessoas, por isso, não é implicado nem no domínio moral, nem convencional.

Fonte: Elaboração pela autora a partir dos dados de Turiel (1983), Nucci (2001a) e Smetana (2014).

A TDS ainda afirma que, apesar de um significativo corpo de pesquisas comprovar que crianças, adolescentes e pessoas em geral diferenciam eventos e situações classificando-os segundo os critérios e justificativas anteriormente expostos em domínios moral, convencional, pessoal ou prudencial, nem todos os eventos ou situações sociais podem ser simplesmente classificados ou claramente diferenciados de acordo com os domínios, pois há situações e eventos que sobrepõem ou coordenam preocupações de diferente domínios (Smetana, 2013). Desse modo, essas situações são denominadas no interior da teoria de "situações ou eventos de domínio multifacetado" (Smetana, 1983; Turiel, 1983).

As pesquisas sobre parentalidade e Domínio Social trazem um bom exemplo desse tipo de situação. Estudos de conflitos entre pais e adolescentes apresentaram um conjunto de eventos que os pais julgaram como eventos de domínio prudencial e os adolescentes julgaram como eventos de domínio moral (Smetana, 2011). No caso do estudo de escolhas dietéticas, o vegetarianismo como opção dietética, por exemplo, foi percebido por adultos com opção dietética vegetariana como um evento multifacetado, pois, ao julgarem a própria opção dietética, tais participantes apontaram coordenadamente justificativas de domínio moral e prudencial concomitantemente (Silva, 2019).

A sobreposição, o conflito ou a coordenação de aspectos de diferentes domínios para um mesmo evento ou situação pode ser caracterizado de três diferentes formas: 1) Sobreposição, que diz respeito ao fato de que o evento pode ter uma jurisdição de um domínio, mas acabar tendo consequência em outro, como é, por exemplo, o caso do sistema de castas na Índia, ou de sistemas religiosos que segregam outros grupos ou pessoas de outras religiões; 2) Eventos de segunda ordem (*second order events*), quando violações da convenção resultam em danos físicos ou psicológicos aos outros (como, por exemplo, quando se critica ou insulta alguém por sua exacerbação de autoridade e/ou controle, o que no caso tem uma primeira função, mas julga e incomoda esse outrem); 3) Eventos ambiguamente multidimensionais, quando são realizadas atribuições de diferentes domínios para um mesmo evento, como o caso da motivação dos conflitos entre pais e filhos citados anteriormente (Nucci, 2000; Smetana, 2011, 2013).

É interessante ressaltar que os estudos do domínio multifacetado ou da mistura de domínios (*mix domain*) permitem uma amplitude da compreensão do que propõe a Teoria do Domínio Social, a respeito da complexidade da construção e desenvolvimento do Domínio Social. A partir da interação entre as pessoas, que é a fonte para toda uma variedade de interpretação, de informação e de conhecimento, o desenvolvimento é efetivado na dinâmica da construção vivenciada por cada indivíduo ao pesar e coordenar aspectos e considerações dos eventos (morais e não morais) avaliados em seus julgamentos sob uma variedade de influências: contextuais, culturais e individuais (Turiel, 1983, 2002, 2006; Smetana, 2006, 2013; Turiel, 2023).

Um último aspecto importante a ser destacado nas pesquisas da TDS diz respeito às influências de crenças intituladas de "Pressupostos Informacionais" (*Informational Assumptions*), que são conceituadas como o que o sujeito acredita, corretamente ou não, serem os fatos ou explicações para um dado fenômeno (Wainryb, 1991). Os pressupostos informacionais se originam em crenças oriundas de diferentes fontes, como ciência, religião e até mesmo opiniões de senso comum constituídas pela cultura como "verdades" sobre determinado fato (Smetana, 2013). Por sua natureza totalmente social, cultural e temporal, os pressupostos informacionais podem ser alterados por novas descobertas científicas, por exemplo. São específicos de um determinado grupo, ou até mesmo família, e podem sempre sofrer alterações. De qualquer forma, as pesquisas revelam que os pressupostos informacionais têm um peso significante nos julgamentos morais (Wainryb, 1991, 2000; Smetana, 2013).

No Brasil, os estudos de Amaral (2017), Souza (2019) e Silva (2019) também investigaram o papel de pressupostos informacionais. A primeira autora identificou os pressupostos informacionais de um grupo de mães de crianças com TDAH, sendo que, para elas, boas mães são aquelas que fazem os seus filhos obedecerem-nas a qualquer custo (mesmo que seja com tapa na boca que faça a criança sangrar) (Amaral, 2017). A segunda autora identificou pressupostos religiosos que interferem no julgamento da exclusão por homossexualidade, como: "Deus criou apenas homem e mulher" (Souza, 2019). Quanto a Silva (2019), identificou entre onívoros a crença de que "temos que comer de tudo um pouco"; "quem não come carne acaba ficando com a saúde debilitada".

Finalmente, com relação à revisão dos instrumentos de pesquisa utilizados pela Teoria do Domínio Social, o que observamos é que, na maior parte dos estudos, são utilizados dilemas morais ou pequenas histórias para os participantes emitirem a sua opinião, ou ainda respostas a entrevistas semiestruturadas, que buscam acessar o julgamento da ação ou evento desenvolvido pelos dilemas, vinhetas ou histórias. Isto porque o que interessa a esse tipo de pesquisa é exatamente acessar como os participantes justificam esse julgamento, quais os critérios que sustentam o julgamento, e como coordenam os diferentes aspectos que são apresentados a eles, ou seja, em qual domínio social se fundamentam na hora de explicar quais atitudes tomariam diante da especificidade das situações investigadas pela pesquisa (Smetana, 2006).

Assim, por exemplo, Nucci e Turiel (2009) apresentaram aos participantes de sua pesquisa três tipos de situação: dois tipos de condições de danos ao outro, e uma situação sobre ajudar alguém com necessidade. Sendo que o primeiro tipo de dano é direto: bater e machucar a outra pessoa. O segundo tipo de dano é indireto: o protagonista da situação não tem dinheiro suficiente para passear com os amigos e encontra dez dólares dentro de um ônibus. Quanto à situação de socorro, é em relação a alguém que cai e é ofendido. O estudo ainda estabelece a relação entre esses três cenários e três tipos de situações: quando a ação moral não entra em conflito com outros objetivos do sujeito; quando a ação moral entra em conflito com uma necessidade ou desejo do sujeito; e quando a ação está em conflito com a necessidade de outra pessoa.

Os participantes são chamados a responder, por exemplo, se julgam certo ou errado bater em outra criança; depois, o que acham sobre bater em uma criança que bateu em você primeiro; finalmente, são questionados sobre se acham certo ou errado bater quando a criança que bateu primeiro era emocionalmente vulnerável. A pesquisa se propõe a discutir e apontar a complexidade do desenvolvimento moral e o quanto os diferentes domínios sociais podem ou não se sobrepor ao domínio moral em determinadas condições (Nucci & Turiel, 2009).

Conforme viemos analisando, as pesquisas sempre trabalham com instrumentos e metodologia qualitativa e quantitativa, em busca da concreta possibilidade de acessar o processo de julgamento moral, a linha de raciocínio dos participantes e, principalmente, os fatores que podem interferir nesses julgamentos. A pesquisa sobre o pensamento dos adolescentes a respeito do papel do gênero nas relações parentais (Brose, Conry-Murray & Turiel, 2013) é outro exemplo de pesquisa qualitativa que se utiliza de três dilemas para verificar suas hipóteses. Os resultados qualitativos são codificados e as análises inferenciais se baseiam em testes estatísticos.

Tendo apresentado os pressupostos teóricos da Teoria do Domínio Social, passamos agora à discussão das divergências e convergências das duas teorias em questão.

QUAIS SÃO AS DIVERGÊNCIAS?

A principal diferença entre as duas teorias está na especificidade do estudo que Turiel (1983, 1989) se propõe a fazer da dimensão social no desenvolvimento cognitivo, por ele interpretada como uma construção do indivíduo que leva à elaboração de sistemas de informação, os quais não promovem mudanças de ordem estrutural na ontogênese do indivíduo.

O problema de pesquisa de Turiel (1983) buscou reunir os estudos do desenvolvimento social e do desenvolvimento psicológico. Segundo ele, a primeira área do conhecimento sempre se preocupou com a explicação e o estudo da realidade das interações sociais; enquanto a segunda sempre se debruçou sobre questões da ontogênese. O objeto de pesquisa da TDS se remeteu à investigação das relações individuais e as interações dessas com o meio social, como essas interações se caracterizam e como elas influenciam o desenvolvimento.

Logo, o problema de pesquisa tureliano não é coincidente com o objetivo de pesquisa piagetiano. Mesmo se pensarmos no objeto de pesquisa delineado por Piaget (1932/1994) para seu estudo do juízo moral da criança, também não encontramos coincidência, pois Piaget buscou investigar a moralidade infantil. Nas suas palavras: "Trata-se de saber o que vem a ser o respeito à regra [...] os efeitos da coação moral e da cooperação [...] a noção de justiça [...] do ponto de vista da própria criança". Além disso, o problema central da Teoria da Epistemologia Genética de Piaget apresentou o caráter de estudo de possibilidades de construção do conhecimento, de um sujeito também epistêmico e não psicológico (La Taille, 2006). Entendemos, então, que este é um primeiro ponto de divergência entre as duas teorias, ou seja, a problemática das pesquisas é diferente.

O segundo ponto de divergência diz respeito aos temas abordados. Retomando o contexto da elaboração da teoria, Turiel (1989) afirma que a investigação mais ampla do domínio social empreendida por Piaget foram seus estudos sobre o juízo moral das crianças. Piaget estudou os juízos infantis sobre regras, castigos, intenção, mentira, desajeitamentos infantis, roubo, relação com a autoridade e justiça. Conforme os autores da TDS, os julgamentos sobre a severidade da transgressão, sobre os desajeitamentos e desobediência infantis e o desejo de punição (investigados por Piaget) não necessariamente refletem avaliações morais (Killen & Smetana, 2013). É por isso que a investigação proposta pela Teoria do Domínio Social se debruçou sobre o estudo de justificativas e critérios dados pela criança para legitimar o certo e/ou o errado nas violações das regras que geram conflitos com os outros, nas violações das orientações parentais, entre outros temas (Smetana, 2006).

Uma das questões que mais influenciam o julgamento das crianças é a natureza do evento que é utilizado como estímulo para a investigação do tipo de julgamento (Turiel, 1983). Logo, a Teoria do Domínio Social apresenta uma interessante discussão acerca da natureza dos eventos que podem eliciar julgamentos morais, afirmando que envolvem inferências sobre as relações sociais, ao contrário, por exemplo, dos eventos prudenciais; são eventos que têm consequência intrínseca, sendo a experiência a principal fonte de percepção dessas consequências intrínsecas, como, por exemplo, a dor experienciada pela criança pequena que a conduz a diferenciar desde muito cedo eventos de domínio moral (especialmente os que dizem respeito a machucar ou bater no outro) de eventos sociais (Killen & Smetana, 2013).

A crítica à utilização dos jogos de regras é o terceiro ponto de divergência à teoria de Piaget (1932/1994) tecida por Turiel (1983). Segundo ele, os estudos de regras do jogo e dos danos materiais dos objetos, por exemplo, foram utilizados por Piaget para acessar a moralidade da criança. Apesar de reconhecer as explicações e argumentações dadas por Piaget para o uso do jogo como evento para investigar a moralidade da criança, no sentido de buscar as realidades morais traduzidas de geração para geração e sustentadas pelo respeito que os sujeitos sentem por esses indivíduos (Macedo, 1996), Turiel (1983) afirma que as regras do jogo não são parte da moralidade da criança, e utiliza os resultados de estudos sobre regras de Davidson, Turiel, e Black (1982) e Dodsworth-Rugani (1982) como dados empíricos que revelaram que a criança julga diferentemente as regras de jogo das regras da família, das regras da escola e das regras morais.

A quarta divergência da Teoria do Domínio Social em relação à teoria de Piaget é que "a explicação do juízo moral proposto por Piaget é amarrada à sua explicação do desenvolvimento cognitivo não social" (Turiel, 1983, p. 136). As definições dos níveis de moral derivam, em parte, do modo como Piaget havia formulado as capacidades cognitivas gerais da criança: egocentrismo (dificuldade da criança em distinguir claramente a própria perspectiva da do outro) e fracasso em distinguir o subjetivo do objetivo em sua experiência (o pensamento intuitivo, que com ausência da operatoriedade e reversibilidade, fracassa ao distinguir o mundo físico dos fenômenos sociais e mentais) (Turiel, 1989).

A proposta tureliana afirma que as crianças bem pequenas, ou seja, desde os 3 anos, distinguem eventos que geram danos no outro de eventos puramente convencionais. Apesar de não contarem com a reversibilidade do pensamento, as crianças conseguem se solidarizar com a experiência da dor alheia, pela provável vivência da própria dor, o que revela também uma habilidade de diferenciação entre as consequências diretas das ações e as questões de ordem social e mental (Turiel, 1983, 1989; Killen & Smetana, 2014).

A quinta divergência está na própria interpretação que Turiel (1983) realiza da teoria presente em *O Juízo Moral na Criança*, proposta por Piaget em 1932. Dois aspectos centrais da teoria piagetiana foram interpretados de formas distintas por Turiel (1983). O primeiro diz respeito aos elementos que explicam a moral heterônoma para Piaget: o egocentrismo, a coação adulta e o realismo moral. O segundo elemento diz respeito aos dois níveis de moralidade e a relação de sucessão da fase da heteronomia para a autonomia.

Com relação ao egocentrismo, definido por Piaget como a dificuldade da criança em descentrar-se, ou seja, a confusão entre o interno e o externo, entre o *self* e o *não self*, e entre as leis físicas e as regularidades sociais, Piaget é contestado por Turiel especialmente na questão da confusão entre as leis físicas e as regularidades sociais. Ademais, ao pensar a relação que Piaget (1932/1994) realiza entre o egocentrismo e a coação adulta, cujo resultado maior é o realismo moral, o autor também estabelece críticas e propõe, fundamentado em dados empíricos, formas distintas de explicações do desenvolvimento do julgamento moral da criança.

Logo, as características do realismo moral da criança, conceituado por Piaget (1932/1994), foram: obediência e conformidade à autoridade do adulto, noção de regras como não modificáveis e tomadas pela criança de forma literal, concepção de responsabilidade objetiva, além da noção de justiça retributiva. Com relação à obediência aos adultos, Turiel (1983) cita estudos como os de Weston e Turiel (1980); Nucci e Nucci (1980); Davidson, Turiel e Black (1983); e Nucci, Turiel e Gawrych (1981), cujos resultados evidenciam que, para determinado território de eventos sociais (domínio moral), as crianças a partir de 3 e 4 anos não se submetem às orientações da autoridade e demonstram um julgamento moral não contingente aos adultos.

Os mesmos estudos, entre outros como o de Dodsworth-Rugani (1982), são comprovação de que as crianças julgaram de modo distinto regras que pertencem às convenções sociais e regras que regulam as relações sociais e têm resultados intrínsecos aos prejuízos dos outros. Sendo que as regras que dizem respeito às convencionalidades foram interpretadas pelas crianças como possíveis de serem modificadas e como regras que se sujeitam ao contexto, ou ao acordo das pessoas envolvidas. No Brasil, Valadares (2019) encontra resultados semelhantes aos dos estudos turelianos, investigando crianças de 2 a 5 anos que, em relação a dilemas prototipicamente morais, não contingenciaram o julgamento à autoridade escolar.

No que diz respeito à responsabilidade objetiva, Turiel (1983) também apresentou dados empíricos que contradizem a ideia piagetiana de que crianças pequenas, quando julgam atos de desajeitamentos infantis, não levam em consideração a intenção do ator, mas os danos físicos resultantes da ação (Piaget, 1932/1994). Os estudos revelaram que as crianças consideram os atos de bater ou machucar o outro como mais errados e que deveriam ser mais punidos do que os atos de danos à propriedade alheia (Turiel, 1983).

Sob diferentes perspectivas teóricas, os resultados de estudos sobre distribuição de recursos, sobre preocupação com danos e bem-estar dos outros e sobre cooperação junto a crianças do maternal têm demonstrado que a moralidade é um tema de crianças bem pequenas, que já demonstram indícios da consciência e empatia na relação com os outros, além de considerarem injustas as distribuições desiguais de recursos (Killen & Smetana, 2013).

Finalmente, a última divergência, e que se tornou a grande questão que ainda hoje o próprio Turiel (Turiel & Gingo, 2017) aponta como a principal divergência entre as duas teorias, e que também diz respeito à divergência com a teoria de Kohlberg, é a caracterização global de desenvolvimento moral, no sentido de que o desenvolvimento se definia com uma progressiva diferenciação dos princípios de justiça a partir do habitual, dos costumes e do convencional. Assim, a moralidade da coação e do respeito unilateral é uma moralidade do costume, da convenção e da tradição, enquanto a moral autônoma baseada no respeito mútuo e na cooperação se impõe sobre o costume e a convenção. A formulação de Piaget é também criticada porque, ao diferenciar a moral do não moral, o autor combinaria de forma equivocada elementos do domínio convencional e moral (Turiel, 1983).

Os eventos morais são compreendidos pela criança pequena e ao longo de todo o desenvolvimento como eventos prescritivos, que independem da autoridade ou da regra e que devem ser cumpridos, senão serão pautáveis de punição ainda mais severa que a punição devida a transgressões de situações convencionais (Smetana, 2005). Logo, os critérios de domínio moral, inalterabilidade e universalidade foram encontrados quando as crianças julgaram situações de domínio moral

(Smetana, 1981; Nucci & Nucci, 1980; Davidson, Turiel & Black, 1983; Nucci, Turiel & Gawrych, 1981; Yoo & Smetana, 2022). Da mesma forma, as crianças também deram respostas de contingência à autoridade e aos acordos sociais, mas para situações convencionais (Weston & Turiel, 1980). De acordo com os estágios de prática de regras investigados por Piaget (1932/1994), a criança pequena considera a regra imutável e sagrada. Turiel (1989) estabelece a crítica ao trabalho de Piaget, afirmando que as crianças pequenas já compreendem que as regras são relativas ao contexto social ou à perspectiva do indivíduo.

Em resumo, Piaget propunha um modelo de desenvolvimento no qual somente em etapas mais avançadas se distinguiriam juízos morais e conhecimento de ordem social (Turiel, 1989). Para Turiel (1983), os domínios sociais são parcialmente dependentes do que se considera uma estrutura cognitiva essencial, mas cada sistema de domínio social forma uma sequência específica de desenvolvimento (Nucci, Turiel & Roded, 2017). A principal questão para explicar essa última divergência está na definição integradora e global de estrutura (Turiel, 1989). Essa questão será retomada no próximo subcapítulo, que tem por objetivo apresentar as convergências teóricas entre a TDS e a Teoria do Juízo Moral de Jean Piaget.

QUAIS SÃO AS CONVERGÊNCIAS?

Piaget apresenta um estudo que inclui aspectos desenvolvimentais e psicológicos da moralidade, e por isso constituiu a base para Kohlberg e Turiel pensarem suas próprias propostas teóricas. Desse modo, defendemos a hipótese: as teorias não são incompatíveis, pelo contrário, a Teoria do Domínio Social tem outro objeto de pesquisa, mas tem as mesmas bases epistemológicas da teoria piagetiana.

A "psicologia desenvolvimental" de Piaget é necessariamente um estudo interdisciplinar da formação do conhecimento, ou seja, a origem e constituição dos diferentes tipos de conhecimento (Smith, 2006). O estudo da origem requer evidências da psicologia empírica; e o estudo da constituição requer as normas da epistemologia normativa. A teoria piagetiana, na medida em que explica como os conhecimentos se originam, se constroem e quais os mecanismos envolvidos nessa construção, atinge seu objetivo epistemológico, assim como, ao demonstrar como esta sequência evolutiva se apresenta do nascimento à idade adulta, cumpre seu objetivo psicológico, sendo, portanto, a perspectiva teórica piagetiana interdisciplinar (Smith, 2006; De Souza, 2014).

A teoria de Piaget, como um todo, ainda se mostra como uma teoria contemporânea de referência para a perspectiva desenvolvimental por apresentar conceitos constituídos como alicerce da compreensão da mente humana, e ainda se mostrar como terreno fértil para a elaboração de novas perguntas (Smith, 2006; De Souza, 2014). Com relação às pesquisas em psicologia moral, a principal característica para a Epistemologia Genética ser considerada referência e base para os estudos contemporâneos é "a articulação da moralidade com os demais aspectos do universo psicológico, além da abrangência das análises e a originalidade das pesquisas" (La Taille, 1994, p. 20).

Portanto, pode-se afirmar que o estudo da moralidade ao qual se dedicou Piaget, e cujos resultados estão elaborados na obra *O Juízo Moral na Criança* de 1932, trabalhou com a moralidade em dois pontos de vista concomitantes e inseparáveis: o funcionamento psicológico da criança em relação à moral, e o pensamento da criança sobre a moralidade (Turiel, 2013). Logo, epistemologicamente, Turiel e Piaget estão assentados na mesma base, sendo o interacionismo o principal pressuposto orientador das duas pesquisas. Conforme já anunciado nos subcapítulos anteriores, Turiel (1983, 1989) construiu suas pesquisas alicerçado nos estudos de Piaget, e, inclusive, defendeu o estruturalismo piagetiano de críticas.

A concepção de pensamento é central para entender o funcionamento da moral no ser humano, e essa concepção cognitivo-desenvolvimental tem implicações sobre a conceituação de moralidade (Turiel, 2013). O trabalho de Piaget (1932) é pioneiro em estabelecer a sincronia entre atividade mental e funcionamento moral, e, por isso, delineia o conceito de moralidade como as ideias de certo e errado construídas pelas pessoas, baseadas no seu entendimento sobre o respeito, a justiça, a preocupação com os direitos e o bem-estar de seus semelhantes (Turiel, 2005).

A divisão fundamental é sobre se moralidade é:

> a) a parte das formas como as pessoas lidam com certo e errado, bom e mal nas suas relações sociais; ou b) determinado por mecanismos psicológicos como disposições biológicas fixas, consciência desencarnada ou traços de caráter, e adesão irrefletida às regras, normas e autoridade, que refletem como as pessoas reagem e não as suas preocupações acerca das questões sobre danos, desonestidade, injustiça ou direito. Cada uma dessas perspectivas provê diferentes explicações dos processos de desenvolvimento moral (Turiel, 2005, p. 4).

A opção dos dois autores, Piaget e Turiel, é pelo primeiro tipo de desenvolvimento, que envolve a construção de julgamentos sobre o que é certo e errado por meio das experiências e interações sociais das crianças. Desse modo, a natureza ou o domínio de uma interação social tem uma relação significativa com como o indivíduo pensa sobre si mesmo e como a interação influencia o desenvolvimento da criança (Turiel, 1983, 1989, 2013).

Portanto, podemos reafirmar que o estudo da moralidade ao qual se dedicou Piaget, e cujos resultados estão elaborados na obra *O Juízo Moral na Criança*, trabalha com a moralidade nesses dois pontos de vista identificados por Turiel (2005): uma abordagem científica do estudo da moral, portanto, normativa (epistemológica), apoiada ao mesmo tempo em hipóteses e na busca de evidências (psicologia empírica). A moralidade se assenta na compreensão por parte da criança do sistema de regras no qual está inserida e nas razões que sustentam a sua adesão a ele (Piaget, 1932/1994, 1954/1994).

Logo, uma segunda convergência entre as duas teorias diz respeito ao conceito de moralidade. "O conceito de moralidade segundo Piaget e Kohlberg é, em termos gerais, consistente com a definição usada aqui (remetendo-se ao livro *The development of social Knowledge: morality and convention*) e é o conceito base para as descobertas dos estudos comparando moralidade e a convenção social" (Turiel, 1983, p. 157).

Também pode-se afirmar a convergência entre Turiel e Piaget naquilo que diz respeito ao conceito de conhecimento social. Sobre ele, pode-se apontar quatro pontos de concordância conceitual entre os dois autores:

1. A construção do conhecimento social e do desenvolvimento moral não é inata (Piaget, 1932/1994; Turiel, 1983, 2013; Turiel, 2023);
2. O desenvolvimento da moralidade acontece através das recíprocas interações das crianças com adultos e outras crianças (Piaget, 1932/1994, 1954/1994, 1964/1986; Turiel, 2005, 2023);
3. A sociedade não é um único todo, mas composta pelas intersecções com os outros, com as normas e com os tipos de relações sociais, que variam em natureza e grau (Piaget, 1965/1986; Turiel, 2013, 2023);
4. Existem interações sociais de diferentes tipos e com efeitos distintos também (Piaget, 1932/1994, 1965/1986; Turiel, 1983, 1989, 2013, 2023).

Quando se pensa na distinção que a Teoria do Domínio Social realiza para os diferentes tipos de domínios que compõem o Domínio Social, entre eles o domínio moral, a nossa hipótese é de que essa característica de compreensão, de que muitos domínios compõem o conhecimento social, estava prevista em Piaget (1932/1994) quando o autor afirma que: "Entre os diferentes tipos de regras, que iremos distinguir, haverá, então, ao mesmo tempo, continuidade e diferença qualitativa; continuidade funcional e diferença de estrutura [...] definindo um processo que se repete a propósito de cada novo conjunto de regras" (Piaget, 1932/1994, p. 75).

Aqui pode-se apontar outra convergência entre as duas teorias. A questão é que a sociologia construída por Piaget representou uma tentativa "de identificar formas de equilíbrio na interação social, não de determinar resultados sociais particulares" (Chapman, 1988, p. 181). Logo, embora Piaget não tenha estudado a relação ou diferenciação de cada novo conjunto de regras, ou seja, a análise dos fatores ou condições sociais sobre o desenvolvimento moral, ele não negou a existências desses domínios.

Piaget assumiu em sua teoria que os agentes sociais dividem escalas de valores sociais em virtude de viverem em uma cultura comum, e que os diferentes tipos de interações sociais são caracterizados de acordo com os tipos de trocas que nela se efetivam (Chapman, 1988). A comparação estabelecida por Piaget entre a história da elaboração científica e a ontogênese da construção do conhecimento é comprovação do ponto de vista piagetiano em relação à lógica das significações, influenciada também pelas interações sociais, assentadas no tempo, na história e na cultura: "A história da ciência oferece, sem dúvida, o exemplo mais claro da influência do quadro de significados no qual a sociedade insere os objetos e os acontecimentos" (Piaget & Garcia, 1983/2011).

Outros 5 pontos de convergência entre as teorias são propostos (Carpendale, 2006):

1. A posição geral sobre o desenvolvimento da heteronomia e da autonomia na teoria de Piaget não foi pensada pelo autor

como forma geral de estágios, como critica Turiel (Turiel, 1983, 1989; Turiel & Gingo, 2017);

2. A responsabilidade objetiva tem como fonte os adultos e não a forma de pensamento das crianças;
3. As crianças de Piaget também pensam autonomamente sobre suas próprias experiências e pensam criticamente sobre os adultos;
4. Para Piaget, a habilidade de pensar autonomamente depende de formas particulares de interação social;
5. A relação parental vivenciada pelos sujeitos piagetianos na década de 1920, no contexto de periferia da Suíça, certamente sofreu modificações.

Inicia-se a discussão do último para o primeiro aspecto de confluência defendido por Carpendale (2006), referente à temática da parentalidade e o desenvolvimento moral. Piaget (1932/1994) afirmou que os pais eram psicólogos medíocres e que sua atuação junto aos filhos caminha na direção da coerção, que busca quebrar a vontade da criança e impor a ela um número inconcebível de normas e limitações sem explicações lógicas, mas amparadas pelo respaldo da sanção expiatória.

Um conjunto de estudos fundamentados na Teoria do Domínio Social sustenta uma vasta quantidade de pesquisas que afirmam que o papel da família é maior que o papel da genética, e maior que o papel de qualquer outra instituição no desenvolvimento moral da criança (Smetana, 2011; Jambon & Smetana, 2017). Para a abordagem da Teoria do Domínio Social, os pais são vistos como uma influência central, porque eles têm a responsabilidade primeira e principal de educar as crianças, além de mais tempo e oportunidade para fazê-lo (Killen & Smetana, 2014; Recchia & Wainryb, 2014).

Os efeitos do meio social não foram investigados por Piaget (Chapman, 1988; Kesselring, 1993; Kitchener, 2006). Todavia, a submissão à autoridade parental identificada na época pode não ser novamente encontrada nos tempos atuais, principalmente em sociedades democráticas como a norte-americana. Depois da publicação de *O Juízo Moral na Criança*, principalmente a partir das décadas de 1950 e 1960, muitos estudos foram realizados sobre parentalidade em diferentes perspectivas teóricas (Youniss & Smolar, 1985; Baumrind, 2012; Grusec & Kuczynski, 1997; Smetana, 1997; Bornstein, 2002; Smetana, 2011; Gingo, Roded & Turiel, 2017; Smetana & Jambon, 2017), e os resultados dessas pesquisas revelaram o progresso e o incentivo científico de práticas mais assertivas, menos autoritárias, mais pautadas no diálogo, nas negociações e nos afetos recíprocos permeando as relações entre pais e filhos.

Desse modo, os dados empíricos atuais não podem ser diretamente comparados aos dados piagetianos sem levar em consideração as transformações dos estilos e práticas parentais contemporâneos (Carpendale, 2006). Entendemos que essa questão é de extrema importância para os resultados de nossas pesquisas realizadas em contexto brasileiro (Caetano, 2005, 2009; Caetano & Yaegashi, 2012; Caetano, Souza, Silva & Choi, 2019; Caetano & Dell'Agli, 2019; Caetano & Dell'Agli, 2020; Caetano, 2022), bem como de outras pesquisas também realizadas em nosso país (Martins, 1991; Milnitsky-Sapiro, 1996; Milnitsky-Sapiro, Turiel & Nucci, 2006; Kawashima, 2007), que apresentaram uma realidade de intervenção da autoridade parental que tem se mostrado mais próxima do contexto de família autoritário e coercitivo da periferia de Genebra pesquisada na década de 1920 por Piaget (1932/1994).

Dessa forma, é relevante investigar e repensar as especificidades do contexto, como atendemos, estabelecendo relações entre as práticas parentais, as concepções educativas de pais e filhos, entre outras questões relacionadas aos estudos de parentalidade, com o desenvolvimento moral de crianças e adolescentes, uma vez que, embora Piaget (1932/1994) não tenha estudado quais são os efeitos do meio social sobre o desenvolvimento da moralidade, o autor investigou a influência do estilo de educação sobre o desenvolvimento moral e, quanto a isso, é possível afirmar que:

> Há um desenvolvimento das tendências psicológicas naturais da criança e os diferentes estilos de educação afetam tais tendências em variadas proporções. O melhor estilo de educação é o que proporciona às crianças o maior número possível de oportunidades para a descoberta e experiência própria e, pois, as oportunidades correspondentes (Kesselring, 1993, p. 188).

Logo, a influência desses tipos e estilos de práticas educativas foi contemplada, ainda que de forma objetiva e inferencial, pela pesquisa piagetiana, ou seja, outra convergência com os resultados das pesquisas de parentalidade fundamentadas na Teoria do Domínio Social (Smetana, 2006), que confirmam que há uma correlação entre o uso de explicações parentais fundadas no direito, na justiça e na preocupação com o outro e os juízos de domínio moral (Nucci, 2013), assim como as intervenções parentais pautadas nas regras, normas, nos acordos ou na punição e na expectativa social aliados com os juízos de domínio convencional (Turiel, 1983).

Diferentemente das distinções apontadas pelos autores da Teoria do Domínio Social, uma leitura criteriosa do livro *O Juízo Moral na Criança*, de 1932/1994, permite observar que as crianças de Piaget também pensavam autonomamente sobre suas próprias experiências e pensavam criticamente sobre os adultos (Carpendale, 2006). "Nunca há coação pura, portanto, nunca há respeito puramente unilateral; a criança, por mais submissa que seja, tem a impressão de que pode ou poderia discutir, que uma simpatia mútua envolve as relações, por mais autoritárias que sejam" (Piaget, 1932/1994). Logo, a afirmação de

Turiel (2006, p. 195): "Na formulação de Piaget, o verdadeiro entendimento moral implicado na autonomia não está formado até o final da adolescência", necessita ser reconsiderado no que concerne a uma interpretação das efetivas relações que Piaget propôs em seu livro em termos de fases de desenvolvimento (sobre o que retomamos mais adiante ainda nesse subcapítulo) e sobre as relações entre desenvolvimento moral e as relações sociais, já que, para Piaget (1932/1994), a habilidade de pensar autonomamente dependia de formas particulares de interação social (Chapman, 1988; Kesselring, 1993).

Ao pensar em coação e cooperação como formas distintas de interação social e ao estabelecer as relações entre esses tipos de relações sociais com heteronomia e autonomia, as duas formas de moral da criança, Piaget (1932/1994) levava em consideração a premissa: "A cooperação aparece como termo limite, como o equilíbrio ideal para o qual tende toda relação de coação" (Piaget, 1932/1994). Entendemos que, para compreender as relações que sustentavam essa afirmação de Piaget, se faz necessário pensar na Epistemologia Genética como uma teoria dialética do conhecimento, cujo principal construto sempre esteve na "equilibração" como o processo de explicação da construção das estruturas de conjunto, como um conceito central e contínuo ao longo da elaboração de toda a sua proposta teórica (Garcia, 2002).

A compreensão de que "as formas de equilíbrio consistem, elas mesmas, em 'estruturas de conjunto'" implica também compreender que, para Piaget, essas estruturas representam formas de equilíbrio para as quais o desenvolvimento tende" (Chapman, 1988). "Os estados melhor equilibrados [...] correspondem ao máximo de atividades e ao máximo de abertura nas trocas" (Piaget, 1957, *in*: Montangero & Maurice-Naville, 1998).

Tantas vezes mal interpretaram Piaget, quando ele tratou das formas de equilíbrio ideal da inteligência, ou da vida social e moral

(Lourenço, 1994). Vários críticos o chamaram de maturacionista, como foi o caso de Wallon (1941/2017), como se Piaget tivesse defendido a cronologia ou a linearidade nas fases de desenvolvimento que identificou. Na verdade, mesmo nas relações sociais, o que Piaget (1932/1994) previa eram as possibilidades de desenvolvimento, pois o maior interesse do autor sempre esteve em identificar as condições suficientes e necessárias para gerar o novo conhecimento, sendo que os fatores que influenciavam o desenvolvimento sempre foram por ele considerados nesse sentido (Chapman, 1993). Por isso, as formas de equilíbrio majorantes, ou as formas de equilíbrio ideal definidas por Piaget (1932/1994), carecem de interpretação no sentido que o próprio autor lhes atribuiu.

É possível identificar na teoria piagetiana três versões diferentes da conceituação de equilibração (Castorina, 2014), e, embora não caiba nesse momento a descrição desses três momentos, é interessante constatar que todo esse caminho teórico tecido por Piaget permite confirmar que a teoria da equilibração é coesa para explicar os aspectos normativos do desenvolvimento (Smith, 2006).

Logo, os pressupostos teóricos da Epistemologia Genética favorecem a compreensão de que talvez a relação criticada por Turiel (1983, 2006), da proposta piagetiana de fases de heteronomia e autonomia em relação explícita com a faixa etária da criança, pode ser interpretada de forma diferente quando se emprega a devida atenção ao conceito de equilibração: "Equilibração é cedo ou tarde necessariamente majorante e constitui um processo de ultrapassagem tanto quanto de estabilização, reunindo de maneira indissociável as construções e as compensações no interior dos ciclos funcionais" (Piaget, 1975/1976, p. 43). A relação estabelecida na obra de 1932 entre heteronomia, egocentrismo e coação adulta, e entre autonomia, descentração e cooperação, representa um modelo teórico que ainda seria aperfeiçoado posteriormente pelo próprio Piaget, a partir da reelaboração do conceito de equilibração (Chapman, 1993; Carpendale, 2006; Castorina, 2014).

Nesse sentido foi que Piaget (1932/1994, p. 263), remetendo-se à autonomia, intitulou-a de "moral do bem" e sobre ela escreveu: "A moral do bem elabora-se progressivamente e constitui-se, em relação à sociedade, como uma forma ideal de equilíbrio, dominando os falsos equilíbrios reais e instáveis oriundos da coação". Portanto, a teoria do possível e do necessário já estava esboçada pelos escritos do jovem Piaget.

De acordo com Carpendale (2006), outro ponto elencado como divergência por Turiel (1983) e seus colaboradores diz respeito à interpretação do conceito de responsabilidade objetiva, presente no pensamento das crianças pequenas. Conforme descrito no subcapítulo anterior, várias questões, como responsabilidade objetiva, conceito de regra como inalterável, conceito de heteronomia e egocentrismo, referentes à interpretação tureliana de *O Juízo Moral na Criança* de 1932, conduzem à maior divergência entre as duas teorias, ou seja, ao velho problema dos estágios.

A primeira ideia que Carpendale (2006) ressalta para defender o seu argumento é que Piaget (1932/1994) não considerou autonomia e heteronomia como estágios de desenvolvimento moral. "Portanto, não poderíamos falar de estágios globais caracterizados pela heteronomia e autonomia" (Piaget, 1932/1994, p. 75). A criança já manifesta desde muito cedo a sua autonomia, questionando as orientações e intervenções do adulto, por exemplo, ao mesmo tempo em que encontramos adolescentes submissos e dependentes da autoridade. "Não se consegue fixar limites entre os estágios de desenvolvimento moral com a mesma nitidez com que se o faz no desenvolvimento dos conceitos lógicos e matemáticos" (Kesselring, 1993).

Existem várias causas para o fato de Piaget (1932/1994) não ter fixado estágios de desenvolvimento moral (Kesselring, 1993). A primeira causa é o reconhecimento por parte do autor do papel relevante das condições sociais e da educação como fatores de grande influência sobre o desenvolvimento moral, o que implica em variáveis cujo controle é impossível de ser realizado ou pré-definido para efeitos de fixação de estágios. Em suas palavras ao se remeter a tais causas: "Papel relevante desempenham sem dúvida as condições sociais (pertença a uma classe social, situação econômica, tamanho de família etc.) e a socialização (forma de relacionamento familiar, estilo de educação)" (Kesselring, 1993, p. 187).

A segunda causa são os fatores individuais, ou seja, a criança interpreta a ação e se relaciona com as pessoas de modos distintos e particulares, e tais situações geram sentimentos e reações distintas e variadas a depender de um conjunto não numerável de outros fatores (Kesselring, 1993).

A noção de estágios de desenvolvimento moral não corresponde ao posicionamento de Jean Piaget (1932/1994), mas sim à leitura de desenvolvimento moral de Lawrence Kohlberg (1989), que, embora seja conhecido por ter ampliado a Teoria do Juízo Moral de Jean Piaget (1932/1994), de fato, "rejeitou importantes aspectos da visão de Piaget sobre desenvolvimento moral", sendo a questão de definição de estágios de desenvolvimento moral um deles (Carpendale, 2006).

Concluindo assim a apresentação da discussão das duas teorias, após tê-las apresentado do ponto de vista histórico, de seus principais pressupostos, de suas divergências e convergências, passamos então a uma síntese das ideias apresentadas nesse capítulo.

EM SÍNTESE

A proposta de discussão teórica das teorias de Jean Piaget e Elliot Turiel permitiu a construção das seguintes conclusões:

1. As teorias não são incompatíveis e sim têm as mesmas bases epistemológicas (perspectiva desenvolvimental e interacionista). Logo, nossa hipótese é de que há entre elas mais convergências do que divergências reais.
2. Com relação aos objetos de pesquisa, ousamos afirmar que o próprio objeto de pesquisa tureliano tem sua inspiração em Piaget, na medida em que são dois pontos essenciais da epistemologia genética, conceber o conhecimento como processo e não como estado, e considerar os mecanismos dos processos de conhecimento na história do saber socializado assim como na história do indivíduo em desenvolvimento (Garcia, 1996). Portanto, Piaget conduziu a investigação do processo de construção do conhecimento lógico-matemático, enquanto Turiel e seus colaboradores têm se debruçado sobre a investigação dos domínios do conhecimento social e suas influências no desenvolvimento humano.
3. Toda a proposta da Teoria do Domínio Social se origina de acurada leitura e reflexão sobre os estudos piagetianos e kohlberguianos de psicologia moral, em busca de responder aspectos não contemplados ou ao menos pouco desenvolvidos pelas teorias anteriores.
4. O conceito de moral em Piaget e o conceito de domínio moral não se podem tomar por sinônimos, porque o pensar sobre a especificidade e distinção do domínio moral – entre outros Domínios Sociais, como o domínio pessoal e o domínio convencional – é a grande essência da Teoria do Domínio Social, que após mais de 40 anos de pesquisa pode exatamente afirmar como "Moralidade é um dos três domínios do conhecimento social e é construído através das interações sociais. A despeito das teorias de estágios globais do desenvolvimento

moral, a Teoria do Domínio Social postula que os diferentes domínios coexistem" (Killen & Smetana, 2015, p. 706).

5. Ainda que o conceito de moral utilizado pela TDS seja inspirado em termos deontológicos, do modelo piagetiano (e se remeta a assuntos relacionados ao bem-estar do outro, às relações justas e aos direitos, isto é, a aspectos universalizáveis), a essência de se pensar em Domínios implica reconhecer como as diferenciadas interações sociais permitem à criança a construção de diferentes tipos de sistemas de conhecimento social, ou domínios do conhecimento social, sendo o domínio moral um entre outros. Logo, os critérios e justificativas que conceituam o domínio moral foram elaborados a partir dos resultados de pesquisas empíricas e na sistematização dos dados levantados pela teoria ao longo de suas mais de quatro décadas de existência (Turiel, 2005b; Smetana, 2005; Carpendale, 2006; Killen & Smetana 2014; Nucci, Turiel & Roded, 2017; Turiel, 2023).

6. A discussão dos domínios como estrutura parcial, de acordo com o conceito de Turiel (1983), se sustenta em seu principal pressuposto teórico, que é a necessidade de cada domínio ou território do conhecimento social ser investigado em sua especificidade. Tudo indica que mesmo o conceito de estrutura parcial já estava previsto em Piaget:

> Os sistemas cognitivos obedecem na realidade a três tipos de leis de equilíbrio, entre os esquemas do sujeito e os objetos, entre os esquemas ou subsistemas de mesma classe, e entre sistemas parciais em suas diferenciações e o sistema total em sua integração (sendo estas duas formas de equilibração distintas embora religadas), resulta que, como toda ação ou operação comporta uma telenomia determinada por seu esquema, os meios novos a utilizar

> devem adaptar-se às duas primeiras espécies de equilibração e os objetos novos às duas últimas, o sujeita duplamente, tanto aos objetivos como aos meios, as construções novas às exigências de compensações (Piaget, 1975, p. 41)

7. As últimas obras de Piaget, particularmente na Teoria da Equilibração (1975/1976), na qual afirmou a existência de domínios específicos de conhecimento (Castorina, 2014) e também iniciou a teorização sobre sistemas complexos (Garcia, 2002), incluindo as relações intersubjetivas (Chapman, 1993), contextuais e os mecanismos funcionais para poder incluir o conhecimento de domínio específico, foram utilizadas por Turiel (1983, 1989) para as suas proposições, como se o autor se dispusesse a rever a teoria do Juízo Moral de Piaget, a partir das reconstruções de sua própria teoria cognitiva, coisa que o próprio Piaget não teve tempo de fazer.
8. Com relação às continuidades e descontinuidades no desenvolvimento moral, como uma proposta de tratar da perspectiva desenvolvimental do objeto da moralidade, portanto, uma alternativa aos estágios, Turiel (1983, p. 58) define os critérios de julgamento como as continuidades do desenvolvimento, sendo esses critérios: obrigatoriedade, impessoalidade, alterabilidade, universalidade, relativismo, consenso social e status institucional (contingência da regra e jurisdição da autoridade), pois são os critérios que informam o caminho da distinção entre os domínios. Quanto ao aspecto das descontinuidades, dizem respeito às categorias de justificativa dos domínios e às ideias específicas associadas a cada domínio que podem variar de cultura para cultura (Turiel, 1983; Nucci, 2001). Em recente publicação, Nucci, Turiel e Roded (2017) retomam as questões referentes às continuidades e descontinuidades no desenvolvimento do

julgamento moral. A ideia defendida atualmente pela teoria é a mesma do tempo de sua fundação, no sentido de afirmar que há diferentes padrões desenvolvimentais para cada tipo de domínio. Mas um corpo de pesquisa mais atual comprova que há também continuidades e descontinuidades através das idades no desenvolvimento moral. Por continuidade entende-se que há contextos nos quais julgamentos similares são feitos através da idade, e por descontinuidade entende-se que há transformações qualitativas relacionadas à idade no julgamento moral (Nucci, Turiel & Roded, 2017). Logo, as construções cognitivas vivenciadas pelas crianças e adolescentes favorecem uma diferenciação com mais coordenações de diferentes tipos de pensamentos e raciocínios (Killen & Dall, 2018).

9. A parentalidade, na perspectiva da TDS, se diferencia das perspectivas das teorias tradicionais de socialização e teorias de internalização conforme os seguintes aspectos (Smetana, 2007, p. 165):

a) Para a TDS, o estudo dos diferentes domínios da ação e do conhecimento é importante na relação entre pais e filhos, pois os objetivos dos pais e as respostas dos filhos levam em conta essa distinção;
b) As teorias mais tradicionais focam na relação com os pais, enquanto a TDS foca nas diferentes interações sociais da criança, incluindo pares e adultos;
c) A TDS entende que as relações entre pais e filhos são recíprocas e que a criança não recebe os valores ou os internaliza passivamente; portanto, suas pesquisas focam em como a criança interpreta, negocia e algumas vezes transforma regras, valores e modelos sociais;
d) A TDS é uma perspectiva teórica sociocognitiva desenvolvimental.

e) Logo, a sua contribuição é importante para pesquisadores que, como nós, investigam a família como contexto de desenvolvimento moral.

10. Considerando esses aspectos, um corpo de pesquisas considerável vem sendo realizado levando em conta esses pressupostos teóricos e buscando investigar aspectos pertinentes ao entendimento da família como contexto de desenvolvimento moral. Ainda é importante notar que, para a abordagem da TDS, os pais são vistos como uma influência central, porque eles têm a responsabilidade primeira e principal de educar as crianças e têm mais tempo e oportunidade para fazê-lo (Killen & Smetana, 2014; Smetana, Ball & Yoo, 2019).

11. De acordo com a TDS, o Domínio Moral não é contingente à autoridade, mas as pesquisas revelam que crianças e adolescentes legitimam a autoridade dos pais em relação às questões de Domínio Moral, e consideram que os pais têm dever e obrigação de apresentarem regras, exemplos e condutas desse domínio aos filhos, bem como puni-los quando os mesmos transgridem as questões de Domínio Moral, sendo que tais punições, na consideração de crianças e adolescentes, devem ser mais rígidas que as demais (Smetana, 2011). A questão da autoridade e sua intervenção é também ressaltada na teoria.

12. Logo, a contribuição da TDS sobre a relação parental com a moralidade é de extrema relevância para nosso interesse no papel da família como contexto de desenvolvimento moral. Talvez esse seja o principal fator que nos encaminhe a buscar o diálogo entre as teorias de Piaget e Turiel.

13. A educação moral é um ponto de importante contribuição da Teoria do Domínio Social, principalmente para a questão do papel parental no processo de educação moral (Nucci,

2001). Tal teoria desenvolveu, nas últimas décadas, um corpo expressivo de pesquisas sobre as relações entre parentalidade e desenvolvimento moral. Todavia, a questão da educação moral também foi bastante desenvolvida pela Teoria do Domínio Moral (Nucci, 2001). A ideia principal da teoria nessa perspectiva educacional é que a distinção entre os domínios seja trabalhada com as crianças e com os adolescentes, em diferentes perspectivas, entre elas, por exemplo, criando uma atmosfera moral na sala de aula, integrando a educação em valores no currículo e favorecendo a construção de um *self* moral, sendo o principal condutor desse processo a atuação no sentido de aplicar os critérios de diferenciação dos domínios para favorecer a compreensão de cada um dos aspectos da vida social. Outras contribuições da proposta da TDS para a educação moral podem ser encontradas em Nucci & Ilten (2021).

14. Pesquisas mais recentes têm se debruçado sobre a questão das conversas, especialmente a conversa entre pais e filhos, como contextos para o desenvolvimento moral (Wainryb & Recchia, 2014). A comunicação entre adultos e crianças é para a Teoria dos Domínios Sociais peça fundamental do processo de interação social que promove o desenvolvimento moral. Para Wainryb & Recchia (2014), a questão não é dizer que a conversa é o único caminho no qual a vida moral acontece, mas certamente é através desse processo de trocas individuais que as regras são discutidas, o certo e o errado são ensinados, os direitos são reclamados, os sentimentos são expostos, as experiências são partilhadas, os conflitos são constituídos e resolvidos, enfim, a conversa é um veículo importante e um espaço sem precedentes para se pensar sobre educação moral.

REFERÊNCIAS

AMARAL, A. P. "A família como contexto de desenvolvimento para crianças com Transtorno do Déficit de Atenção e Hiperatividade". Tese (Dissertação de Mestrado em Psicologia Escolar e do Desenvolvimento Humano), IPUSP, São Paulo, 2017.

ARSENIO, W. F., ADAMS, E. & GOLD, J. "Social information processing, moral reasoning, and emotion attributions: Relations with adolescents' reactive and proactive aggression". *Child development*, 80 (6): 1739-1755, 2009.

ARSENIO, W. F. "Moral emotion attributions and aggression". *In*: *Handbook of Moral Development*. Abingdon: Routledge, 2. ed., 2014, p. 235-255.

______. "Conceptions of Economic Inequality and Societal Fairness". *In*: *Handbook of Moral Development*. Abingdon: Routledge, 2006, p. 88-103.

BALDWIN, J. M. *Social and ethical interpretations in mental development*. Nova Iorque: MacMillan, 1897.

BATTRO, A. M. *Dicionário Terminológico de Jean Piaget*. Rio de Janeiro: Editoral Pioneira de Ciências Sociais, 1987.

BATAGLIA, P. U. R., MORAIS, A. & LEPRE, R. M. "A teoria de Kohlberg sobre o desenvolvimento do raciocínio moral e os instrumentos de avaliação de juízo e competência moral em uso no Brasil". *Estudos de Psicologia*, 15 (1): 25-32, 2010.

BIAGGIO, A. M. B. "Kohlberg e a 'Comunidade Justa': promovendo o senso ético e a cidadania na escola". *Psicologia: Reflexão e Crítica*, 10 (1): 47-69, 1997.

______. "Universalism versus relativism in moral judgment". *Psicologia: Reflexão e Crítica*, 12 (1): 5-20, 1999.

BORNSTEIN, M. H. *Handbook of parenting: Practical issues in parenting, Vol. 5*. Mahwah: Lawrence Erlbaum Associates Publishers, 2002.

BROSE, S. J., CONRY-MURRAY, C. & TURIEL, E. "Adolescents' reasoning about parental gender roles". *The Journal of genetic psychology*, 174 (2): 207-224, 2013.

CAETANO, L. M. *O conceito de obediência na relação pais e filhos*. São Paulo: Paulinas, 2008.

______. "Pais, Adolescentes e Autonomia Moral: Escala de Concepções Educativas". Tese (Dissertação de Doutorado), Universidade de São Paulo, São Paulo, 2009.

______. "Concepções educativas de pais e professores sobre respeito: o sentimento de obrigatoriedade moral". *In*: CAETANO, L. M. (org.). *A escola contemporânea*. São Paulo: Paulinas, 2012, p. 13-22.

______. *É possível educar sem palmadas? Um guia para pais e educadores* (livro eletrônico). São Paulo: Paulinas, 2013.

CAETANO, L. M. & YAEGASHI, S. F. R. "A obediência e a relação escola e família". *Teoria e Prática da Educação*, 14 (3): 57-66, 2011.

CAETANO, L. M., DE SOUZA, M. T. & DA SILVA, D. "Escala de concepções educativas morais (ECEM)". *Liberabit*, 22 (2): 161-171, 2016.

CAETANO, L. M. & DELL'AGLI, B. A. V. "Concepções educativas morais de professores". *Arquivos Brasileiros de Psicologia*, 69 (3): 167-182, 2017.

CAMINO, C. & LUNA, V. "Perspectiva kohlberguiana da moral: teoria, pesquisa e prática". *In*: *Rumos e resíduos da moral contemporânea*. Niterói: Muiraquitã, 2007.

CAMINO, C., CAMINO, L. & MORAES, R. "Moralização e Socialização: Estudos Empíricos sobre Práticas Maternas de Controle Social e o Julgamento Moral". *Psicologia: Reflexão e Crítica*, 16 (1): 41-61, 2003.

CANTO-SPERBER, M. *Dicionário de Ética e Filosofia Moral*. São Leopoldo: Editora Unisinos, 2013.

CANTO-SPERBER, M. & OGIEN, Ruwen. *Que devo fazer? A filosofia moral*. São Leopoldo: Editora Unisinos, 2004.

CARPENDALE, J. "Piaget's Theory of Moral Development". *In*: MULLER, U., CARPENDALE, J. & SMITH, L. (eds.). *The Cambridge Companion to Piaget*. Cambridge: Cambridge University Press, 2006.

CASTORINA, J. A. "Piaget: perspectivas e limitações de uma teoria". *In*: CARRETERO, M. & CASTORINA, J. A. *Desenvolvimento cognitivo e educação: processos do conhecimento e conteúdos específicos*. Porto Alegre: Penso, 2014.

CHAPMAN, M. *Constructive evolution: Origins and development of Piaget's thought*. Cambridge: Cambridge University Press, 1988.

CUMSILLE, P., DARLING, N., FLAHERTY, B. & LORETO MARTÍNEZ, M. "Heterogeneity and change in the patterning of adolescents' perceptions of the legitimacy of parental authority: A latent transition model". *Child development*, 80 (2): 418-432, 2009.

CRUZ, L. A. N. D. "Uso de álcool e julgamento sócio-moral de estudantes do ensino médio". Tese (Dissertação de Mestrado do Programa de Pós-Graduação em Educação), UNESP, Marília, 2006.

DARLING, N., CUMSILLE, P. & MARTÍNEZ, M. L. "Adolescents' as active agents in the socialization process: Legitimacy of parental authority and obligation to obey as predictors of obedience". *Journal of Adolescence*, 30: 297-311, 2007.

DARLING, N., CUMSILLE, P. & PEÑA-ALAMPAY, L. "Rules, legitimacy of parental authority, and adolescent autonomy in Chile, the Philippines, and the United States". *In*: SMETANA, J. G. (ed.). *Changing boundaries of parental authority: New directions in child and adolescente development*. São Francisco: Jossey-Bass, 2005, p. 47-60.

DAVIDSON, P., TURIEL, E. & BLACK, A. "The effect of stimulus familiarity on the use of criteria and justifications in children's social reasoning". *British Journal of Developmental Psychology*, 1 (1): 49-65, 1983.

DECETY, J. & HOWARD, L. H. "A neurodevelopmental perspective on morality". *In*: *Handbook of Moral Development*. Abingdon: Routledge, 2013, p. 454-474.

DE SOUZA, M. T. C. C. "Cultura, cognição e afetividade: Inter-relações em diferentes perspectivas. A interação social e os objetos 'afetivos' na perspectiva piagetiana de construção de conhecimento". *In*: LEITE, S. A. S. (org.). *Cultura, cognição e afetividade: a sociedade em movimento*. São Paulo: Casa do Psicólogo, 2002, p. 27-38.

______. "O desenvolvimento afetivo segundo Jean Piaget". *In*: ARANTES, V. A. (org.). *Afetividade na escola: alternativas teóricas e práticas*. São Paulo: Summus, 2003, p. 53-70.

______. "A concepção de construção na epistemologia genética de Piaget". *In*: DE SOUZA, M. T. C. C. (org.). *Os Sentidos de Construção: o si mesmo e o mundo*. São Paulo: Casa do Psicólogo, 2004, p. 37-50.

______. "Construção de Conhecimento e Psicologia do Desenvolvimento: Contribuições da Teoria de Piaget". *Schème – Revista Eletrônica de Psicologia e Epistemologia Genéticas*, 6: 129-140, 2014.

DE VRIES, R. & ZAN, B. *A Ética na Educação Infantil: O Ambiente Sócio-Moral na Escola*. Porto Alegre: Penso, 1998.

DIAS, M. B. B. & HARRIS, P. L. "Regras morais e convencionais no raciocínio de crianças". *Psicologia: Teoria e Pesquisa*, 6 (2): 125-138, 1990.

DODSWORTH-RUGANI, K. J. "The development of concepts of social structure and their relationship to school rules and authority". Tese (Dissertação de Doutorado), University of California, Berkeley, 1982.

DORNBUSCH, S. M., RITTER, P. L., MONTE-REYNAUD, R. & CHEN, Z. Y. "Family decision making and academic performance in a diverse high school population". *Journal of Adolescent Research*, 5 (2): 143-160, 1990.

DURKHEIM, É. "Moral Education". *New York Press*, 1925/1973.

FREITAG, B. *Itinerários de Antígona: a questão da moralidade*. Campinas: Papirus Editora, 1992.

FREUD, S. *O mal-estar na civilização* (1930). São Paulo: Companhia das Letras, 2011.

FURTH, H. "The social function of Piaget's Theory: a response to Apostel". *New Ideas in Psychology*, 3: 23-29, 1986.

GALHARDO, P. B. "Concepções morais no mundo do trabalho: um estudo sobre tipos de julgamentos e representações de si de gestores". Tese (Dissertação de Mestrado em Psicologia Escolar e do Desenvolvimento Humano), IPUSP, São Paulo, 2018.

GARCIA, R. *Conhecimento em construção*. Artmed: Porto Alegre, 2002.

GINGO, M., RODED, A. D. & TURIEL, E. "Authority, autonomy, and deception: Evaluating the legitimacy of parental authority and adolescent deceit". *Journal of Research on Adolescence*, 27 (4): 862-877, 2017.

HAIDT, J., KOLLER, S. H. & DIAS, M. G. "Affect, culture, and morality, or is it wrong to eat your dog?". *Journal of Personality and Social Psychology*, 65 (4): 613-628, 1993.

HASEBE, Y., NUCCI, L. & NUCCI, M. S. "Parental control of the personal domain and adolescent symptoms of psychopathology: A cross-national study in the United States and Japan". *Child development*, 75: 815-826, 2004.

HAYES, A. F. & KRIPPENDORFF, K. "Answering the call for a standard reliability measure for coding data". *Communication Methods and Measures*, 1: 77-89, 2007.

HELWIG, C. C., HILDEBRANDT, C. & TURIEL, E. "Children's judgments about psychological harm in social contexto". *Child development*, 66 (6): 1680-1693, 1995.

HELWIG, C. C., RUCK, M. D. & PETERSON-BADALI, M. *Handbook of Moral Development*. Abingdon: Routledge, 2013.

HOFFMAN, M. L. "Moral development". *Carmichael's manual of child psychology*, 2: 261-359, 1970.

HORN, S. S. "The multifaceted nature of sexual prejudice". *In*: *Intergroup attitudes and relations in childhood through adulthood*. Oxford: Oxford University Press, 2008, p. 173-188.

HORN, S. S. & SINNO, S. M. "Gender, sexual orientation, and discrimination based on gender and sexual orientation". *In*: *Handbook of moral development*. Abingdon: Routledge, 2013, p. 317-339.

INHELDER, B. & PIAGET, J. *Da lógica da criança à lógica do adolescente*. Trad. D. M. Leite. São Paulo: Pioneira, 1970/1976.

JAMBON, M. & SMETANA, J. G. "Parenting, morality and social development: new views on old questions". *In*: *New Perspectives on Moral Development*. Abingdon: Routledge, 2017, p. 131-150.

KANT, I. *Metafísica dos costumes* (1785). São Paulo: Edições 70, 2004.

KAWASHIMA, R. A. "Condutas de discriminação entre crianças da educação infantil". Tese (Dissertação de Mestrado do Programa de Pós-Graduação em Educação), UNESP, Marília, 2007.

KEIJSERS, L. & LAIRD, R. D. "Mother-adolescent monitoring dynamics and the legitimacy of parental authority". *Journal of Adolescence*, 37: 515-524, 2014.

KESSELRING, T. *Jean Piaget*. Munique: C.H. Beck, v. 512, 1999.

KILLEN, M. & COOLEY, S. "Morality, exclusion, and prejudice". *In*: *Handbook of moral development*. Abingdon: Routledge, 2013, p. 340-360.

KILLEN, M., MULVEY, K. L. & HITTI, A. "Social exclusion in childhood: A developmental intergroup perspective". *Child development*, 84 (3): 772-790, 2013.

KILLEN, M. & SMETANA, J. (eds.). *Handbook of moral development*. EUA: Lawrence Erlbaum Associates, 2005.

KILLEN, M. & SMETANA, J. (eds.). *Handbook of moral development*. EUA: Lawrence Erlbaum Associates, 2. ed., 2013.

______. "Origens and Development of Morality". *In*: ZELAZO, T. *Handbook of child psychology and developmental science*. EUA: Lawrence Erlbaum Associates, 2014.

______. "Origins and development of morality". *In*: LAMB, M. E. (ed.). *Handbook of child psychology and developmental science*. Editor-in-chief R. M. Lerner. Nova York: Wiley-Blackwell, 7. ed., v. 3, 2015, p. 701-749.

KILLEN, M. & DAHL, A. "Moral judgment: Reflective, interactive, spontaneous, challenging, and always evolving". *In*: *Atlas of moral psychology*. Nova Iorque: Guilford Publications, 2018, p. 20-30.

KITCHENER, R. F. "On the concept(s) of the social in Piaget". *In*: *The Cambridge Companion to Piaget*. Cambridge: Cambridge University Press, 2006, p. 110-131.

KOHLBERG, L. *Stage and sequence: The cognitive-developmental approach to socialization*. Chicago: Rand McNally, 1969.

______. *Essays on moral development: The psychology of moral development*. São Francisco: Harper & Row, v. 2, 1981.

______. "Moral stages and moralization: The cognitive developmental approach". *In*: KOHLBERG, L. (ed.). *The psychology of moral development: The nature and validity of moral stages*. São Francisco: Harper & Row, 1984, cap. 2, p. 170-205.

KUHN, E. S. & LAIRD, R. D. "Individual differences in early adolescents' beliefs in the legitimacy of parental authority". *Developmental Psychology*, 47 (5): 1353-1365, 2011.

KURTINES, W. & GREIF, E. B. "The development of moral thought: Review and evaluation of Kohlberg's approach". *Psychological bulletin*, 81 (8): 453-470, 1974.

LANSFORD, J. E., CHANG, L., DODGE, K. A., MALONE, P. S., OBURU, P., PALMERUS, K., ... & TAPANYA, S. "Physical discipline and children's adjustment: Cultural normativeness as a moderator". *Child development*, 76 (6): 1234-1246, 2005.

LAPSLEY, D. K. "Moral Stage Theory". *In*: KILLEN, M. & SMETANA, J. (eds.). *Handbook of moral development*. EUA: Lawrence Erlbaum Associates, 2005.

LA TAILLE, Y. "Prefácio à edição brasileira" (1994). *In*: PIAGET, J. *O juízo moral na criança*. Trad. E. Leonardon. São Paulo: Summus, 2. ed., 1932/1994.

______. "O sentimento de vergonha e suas relações com a moralidade". *Psicologia: Reflexão e Crítica*, 15 (1): 13-25, 2002.

______. *Vergonha: A ferida moral.* Petrópolis: Vozes, 2004.

______. *Moral e ética: dimensões intelectuais e afetivas.* Porto Alegre: Artmed, 2006.

______. *Formação ética: do tédio ao respeito de si.* Porto Alegre: Artmed, 2009.

______. "Moral e ética: uma leitura psicológica". *Psicologia: Teoria e Pesquisa,* 26: 105-114, 2010.

LINS-DYER, M. T. & NUCCI, L. "The impact of social class and social cognitive domain on northeastern Brazilian mothers' and daughters' conceptions of parental control". *International Journal of Behavioral Development*, 31 (2): 105-114, 2007.

LIU, Y. "Autonomy, filial piety, and parental authority: A two-year longitudinal investigation". *The Journal of Genetic Psychology*, 174 (5): 557-581, 2013.

LOURENÇO, O. *Psicologia do Desenvolvimento Moral: Teoria, Dados e Implicações*. Coimbra: Editora Almedina, 1992.

______. *Além de Piaget? Sim, mas devagar!...* Lisboa: Editora Almedina, 1994.

______. "Domain theory: A critical review". *New Ideas in Psychology*, 32: 1-17, 2014.

LUCATTO, L. "A visão dos jovens sobre os conflitos interpessoais no ambiente escolar: contribuições da Teoria de Domínios Sociais". Tese (Dissertação de Doutorado em Educação – Pós-Graduação em Educação), UNESP, Marília, 2019.

MACCOBY, E. E. & MARTIN, J. A. "Socialization in the context of the family: parent-child interaction". *In*: MUSSEN, Paul H. (ed.). *Handbook of child psychology. Vol. 4: socialization, personality, and social development.* Nova Iorque: John Wiley & Sons, 4. ed., 1983, p. 1-101.

MACEDO, L. "O lugar dos erros nas leis ou nas regras". *In*: MACEDO, L. de (org.). *Cinco estudos de educação moral.* São Paulo: Casa do Psicólogo, 2. ed., 1996, p. 177-209.

______. "O papel do adulto no desenvolvimento da criança de 0 a 2 anos". Aula inaugural do Programa de Pós-Graduação em Psicologia Escolar e do Desenvolvimento Humano (anotações livres), 2019.

MALHOTRA, N. *Pesquisa de Marketing: uma Orientação Aplicada.* Porto Alegre: Bookman, 4. ed., 2006.

MARTINS, R. "Construção do conhecimento social: categorias de justificação e critério de julgamento". Tese (Dissertação de Doutorado em Psicologia), Centro de Pós-Graduação em Psicologia, Fundação Getúlio Vargas, Rio de Janeiro, 1991.

MENEZES, E. D. B. "A sociologia de Jean Piaget: uma resposta às questões 'irritantes'?". *In*: BANKS-LEITE, L. (org.). *Percursos Piagetianos.* São Paulo: Editora Cortez, 1997.

MEZZAROBA, S. M. B. "Bebidas alcoólicas na adolescência: relação entre o uso e domínios sociais". Tese (Dissertação de Doutorado do Programa de Pós-Graduação em Educação), UNESP, Marília, 2006.

MILNITSKY-SAPIRO, C. "Desenvolvimento Sócio-Moral e Aspectos Culturais do Parentesco". *Psicologia: Teoria e Pesquisa*, 12 (1): 71-82, 1996.

MILNITSKY-SAPIRO, C.; TURIEL, E.; NUCCI, L. "Brazilian adolescent conceptions of autonomy and parental authority". *Cognitive Development*, 21: 317-331, 2006.

MONTE, F. F. D. C. "Valores humanos, julgamento moral, empatia e atos infracionais cometidos por adolescentes". Tese (Mestrado em Psicologia Cognitiva), Universidade Federal de Pernambuco, Recife, 2012.

MONTANGERO, J. & MAURICE-NAVILLE, D. *Piaget ou a inteligência em evolução.* Porto Alegre: Artmed, 1998.

MUNERATO, D. "O julgamento moral de crianças pequenas: contribuições da teoria dos domínios sociais". Tese (Dissertação de Mestrado em Psicologia Escolar e do Desenvolvimento Humano), IPUSP, São Paulo, 2019.

NUCCI, L. "Conceptions of Personal Issues: A Domain Distinct from Moral or Societal Concepts". *Child development*, 52 (1): 114-121, 1981.

______. "Psicologia moral e educação: para além de crianças 'boazinhas'". *Educação e Pesquisa*, 6 (2): 71-89, 2000.

______. *Education in Moral Domain.* Nova Iorque: Cambridge University Press, 2001.

NUCCI, L., TURIEL, E. & GAWRYCH, G. "Preschool children's social interactions and social concepts in the Virgin Islands" (manuscrito não publicado). Chicago: University of Illinois, 1981.

NUCCI, L. & TURIEL, E. "God's word, religious rules, and their relation to Christian and Jewish children's concepts of morality". *Child development*, 64 (5): 1475-1491, 1993.

______. "Capturing the complexity of moral development and education". *Mind, Brain and Education*, 3 (3): 151-159, 2009.

NUCCI, L., HASEBE, Y. & LINS DYER, M. T. "Adolescent Psychological Well-Being and Parental Control of the Pesonal".

New Directions for Child and Adolescent Development, 108: 17-30, 2005.

NUCCI, L., TURIEL, E. & RODED, A. D. "Continuities and discontinuities in the development of moral judgments". *Human Development*, 60 (6): 279-341, 2017.

PIAGET, J. "Os Procedimentos da Educação Moral" (1930/1994). *In*: MACEDO, L. de (org.). *Cinco estudos de educação moral*. São Paulo: Casa do Psicólogo, 2. ed., 1996, p. 1-36.

______. *O juízo moral na criança*. Trad. E. Leonardon. São Paulo: Summus, 2. ed., 1932/1994.

______. "É possível uma educação para a paz?" (1934a). *In*: PARRAT-DAYAN, S. & TRYPHON, A. (orgs.). *Sobre a pedagogia: textos inéditos*. Trad. C. Berliner. São Paulo: Casa do Psicólogo, 1998, p. 131-136.

______. "Observações psicológicas sobre o self-government" (1934b). *In*: PARRAT-DAYAN, S. & TRYPHON, A. (orgs.). *Sobre a pedagogia: textos inéditos*. Trad. C. Berliner. São Paulo: Casa do Psicólogo, 1998, p. 137-152.

______. "A educação e a liberdade" (1945). *In*: PARRAT-DAYAN, S. & TRYPHON, A. (orgs.). *Sobre a pedagogia: textos inéditos*. Trad. C. Berliner. São Paulo: Casa do Psicólogo, 1998, p. 153-160.

______. "O desenvolvimento moral do adolescente em dois tipos de sociedade: sociedade primitiva e sociedade moderna" (1947). *In*: PARRAT-DAYAN, S. & TRYPHON, A. (orgs.). *Sobre a pedagogia: textos inéditos*. Trad. C. Berliner. São Paulo: Casa do Psicólogo, 1998, p. 161-166.

______. *Para onde vai a Educação?* (1948). Trad. I. Braga. Rio de Janeiro: José Oympio, 15. ed., 2000.

______. "Las relaciones entre la inteligencia y la afectividad en el desarrollo del niño" (1954). *In*: DELAHANTY, G. & PÉREZ, J. (orgs.). *Piaget y el Psicoanálisis*. México: Universidad Autonoma Metropolitana, 1994, p. 181-289.

PIAGET, J. *Piaget: problemas de psicologia genética* (1957). Trad. Nathanael C. Caixeiro, Zilda A. Daeir, Célia E. A. Di Pero. São Paulo: Abril Cultural, 1978, p. 209-293 (Coleção "Os pensadores").

______. *Seis Estudos de Psicologia* (1964). Trad. M. A. M. D'Amorim e P. S. Lima Silva. Rio de Janeiro: Forense-Universitária, 1986.

______. *Estudos Sociológicos* (1965). Trad. R. Di Piero. Rio de Janeiro: Forense-Universitária, 1973.

______. *A equilibração das estruturas cognitivas.* Rio de Janeiro: Zahar Editores, 1975/1976.

______. "Intellectual evolution from adolescence to adulthood". *Human development*, 15: 1-12, 1972.

______. *As Formas Elementares da Dialetica*. São Paulo: Casa do Psicólogo, 1996.

PIAGET, J. & GARCIA, R. *Psicogênese e história das ciências*. Rio de Janeiro: Vozes, 2011.

POWER, C., HIGGINS, A. & KOHLBERG, L. "The habit of the common life: Building character through democratic community schools". *In*: *Moral development and character education: A dialogue*. Berkeley: McCutchan, 1989, p. 125-143.

RECCHIA, H. E., WAINRYB, C., BOURNE, S. & PASUPATHI, M. "The construction of moral agency in mother-child conversations about helping and hurting across childhood and adolescence". *Developmental psychology*, 50 (1): 34-44, 2014.

RECCHIA, H. E. & WAINRYB, C. *Talking about right and wrong.* Cambridge: Cambridge University Press, 2014.

REST, J. R. (ed.). *Moral development in the professions: Psychology and applied ethics*. Abingdon: Psychology Press, 1994.

SAMPAIO, L. R., CAMINO, C. & ROAZZI, A. "Justiça distributiva em crianças de 5 a 10 anos de idade". *Psicologia: Reflexão e Crítica*, 20 (2): 197-204, 2007.

SAMPAIO, P. S. "Aprendizagem social e resolução de conflitos em ambientes democráticos e autocráticos: um estudo com pré-escolares". Tese (Dissertação de Doutorado em Psicologia Escolar e do Desenvolvimento Humano), IPUPS, São Paulo, 2011.

SAPIRO, C. M. "Desenvolvimento sócio-moral e aspectos culturais do parentesco". *Psicologia: teoria e pesquisa*, 12 (1): 71-82, 1996.

SKINNER, B. F. *La ciencia de aprender y el arte de enseñar. Tecnología de la Enseñanza.* Barcelona: Labor, 1970.

SIEGAL, M. "Kohlberg versus Piaget: to what extent has one theory eclipsed the other?". *Merrill-Palmer Quarterly of Behavior and Development*, 26 (4): 285-297, 1980.

SILVA, C. O. "Juízo Moral e Pressupostos Informacionais: a questão do consumo de carne". Tese (Dissertação de Mestrado em Psicologia Escolar e do Desenvolvimento Humano), IPUSP, São Paulo, 2019.

SMETANA, J. G. "Preschool children's conceptions of moral and social rules". *Child development*, 52: 1333-1336, 1981.

______. "Adolescents' and parents' conceptions of parental authority". *Child development*, 59: 321-335, 1988.

______. "Adolescents' and parents' reasoning about actual family conflict". *Child development*, 60: 1052-1067, 1989.

______. "Toddlers' social interactions in the context of moral and conventional transgressions in the home". *Developmental Psychology*, 25 (4): 499-508, 1989a.

______. "Parenting styles of conceptions of parental authority during adolescence". *Child development,* 66: 299-316, 1995.

______. "Parenting and the development of social knowledge reconceptualized: A social domain analysis". *In*: GRUSEC, J. E. & KUCZYNSKI, L. (eds.). *Parenting and the internalization os values*. Nova Iorque: Wiley, 1997, p. 162-192.

______. "The role of parents in moral development: A social domain analysis". *Journal of Moral Education*, 28 (3): 311-321, 1999.

SMETANA, J. G. "Middle-class African American adolescents' and parents' conceptions of parental authority and parenting practices: a longitudinal investigation". *Child development*, 71 (6): 1672-1686, 2000.

______. "Social-Cognitive Domain Theory: Consistencies and Variations in Children's Moral and Social Judgments". *In*: KILLEN, M. & SMETANA, J. (eds.). *Handbook of moral development*. EUA: Lawrence Erlbaum Associates, 2005, p. 119-146.

______. *Adolescents, families and social development: How teens constructo their worlds*. Nova Iorque: Wiley-Blackwell, 2011.

______. "Moral Development: The Social Domain Theory View". *In*: ZELAZO, P. D. (ed.). *The Oxford Handbook of Development Psychology. Vol. 1 – Body and Mind*. Editor-in-chief Peter E. Nathan. Oxford: Oxford University Press, 2013, p. 832-863.

______. "Current research on parenting styles, dimensions, and beliefs". *Current opinion in psychology*, 15: 19-25, 2017.

SMETANA, J. G. & ASQUITH, P. "Adolescents' and parents' conceptions of parental authority and personal autonomy". *Child development*, 65: 1147-1162, 1994.

SMETANA, J. G., KELLY, M. & TWENTYMAN, C. T. "Abused, neglected, and nonmaltreated children's conceptions of moral and social-conventional transgressions". *Child development*, 55: 277-287, 1984.

SMETANA, J. G. & TURIEL, E. "Limiting the Limits on Domains: A commentary on Fowler and Heteronomy". *Merrill-Palmer Quarterly*, 44 (3): 1-13, 1998.

SMETANA, J. & CHUANG, S. "Middle-class African American parents' conceptions of parenting in early adolescence". *Journal of Research on Adolescence*, 11 (2): 177-198, 2001.

SMETANA, J. G. & DADDIS, C. "Domain-specific antecedents of parental psychological control and monitoring: The role os parenting beliefs and practices". *Child development*, 73 (2): 563-580, 2002.

SMETANA, J. G., CAMPIONE-BARR, N. & DADDIS, C. "Longitudinal development of family decision making: defining healthy behavioral autonomy for Middle-Class African American Adolescents". *Child development*, 75 (5): 1418-1434, 2004.

SMETANA, J. G., CREAN, H. F. & CAMPIONE-BARR, N. "Adolescent's and Parent's changing Conceptions of Parental Autohrity". *In*: SMETANA, J. G. (ed.). *Changing boundaries of parental authority during adolescence. New Directions for Child and Adolescent Development*. São Francisco: Jossev-Bass, 2005, p. 31-46.

SMETANA, J. G., CAMPIONE-BARR, N., METZGER, A. "Adolescent development in Interpersonal and Societal Contexts". *Annual Review Psychology*, 51: 255-284, 2006.

SMETANA, J. G., METZGER, A., GETTMAN, D. C. & CAMPIONE-BARR, N. "Disclosure and Secrecy in Adolescent-Parent Relationship". *Child development*, 77 (1): 201-217, 2006.

SMETANA, J. G., JAMBON, M., CONRY-MURRAY, C. & STURGE-APPLE, M. "Reciprocal associations between young children's moral judgments and their theory of mind". *Developmental Psychology*, 48: 1144-1155, 2012.

SMETANA, J. G., JAMBON, M. & BALL, C. "The Social Domain Approach to Children's Moral and Social Judgments". *In*: KILLEN, M. & SMETANA, J. (eds.). *Handbook of moral development*. EUA: Lawrence Erlbaum Associates, 2. ed., 2013, p. 23-45.

SMETANA, J. G., AHMAD, I. & WRAY-LAKE, L. "Iraqi, Syrian, and Palestinian refugee adolescents' beliefs about parental authority legitimacy and its correlates". *Child development*, 86 (6): 2017-2033, 2015.

SMETANA, J. G. & JAMBOM, M. "Parenting, morality and social development: new views on old questions". *In*: *New Perspectives on Moral Development*. Abingdon: Routledge, 2017, p. 131-150.

SMETANA, J. G. & AHMAD, I. "Heterogeneity in Perceptions of Parenting Among Arab Refugee Adolescents in Jordan". *Child development*, 89 (5): 1786-1802, 2018.

SMETANA, J. G., BALL, C. L. & YOO, H. N. "Parenting and moral development". *In*: *Handbook of parenting*. Abingdon: Routledge, 2019, p. 122-155.

SMITH, L. "Piaget's Developmental Epistemology". *In*: MULLER, U., CARPENDALE, J. & SMITH, L. (eds.). *The Cambridge Companion to Piaget*. EUA: Cambridge University Press, 2006, p. 64-93.

SNAREY, J. R. "Cross-cultural universality of social-moral development: a critical review of Kohlbergian research". *Psychological bulletin*, 97 (2): 202-232, 1985.

SNAREY, J. & SAMUELSON, P. L. "Lawrence Kohlberg's revolutionary ideas: Moral education in the cognitive-developmental tradition". *In*: *Handbook of moral and character education*. Abingdon: Routledge, 2014, p. 77-99.

SOKOL, B. W. & CHANDLER, M. J. "A bridge too far: On the relations between moral and secular reasoning". *In*: *Social interaction and the development of knowledge*. Abingdon: Psychology Press, 2014, p. 155-174.

SHWEDER, R. A., MAHAPATRA, M. & MILLER, J. G. "Culture and moral development". *In*: *The emergence of morality in young children*, 1987, p. 1-83.

TROADEC, B. & MARTINOT, C. *Le développement cognitif: Théories actuelles de la pensée en contextes*. Paris: Belin Education, 2003.

TURIEL, E. "Conflict and transition in adolescent moral development". *Child development*, 45: 14-29, 1974.

______. "The development of social concepts: Mores, customs, and conventions". *In*: FOLEY, J. M. & DE PALMA, D. J. (eds.). *Moral Development: Current theory and research*. Hillsdale: Lawrence Erlbaum Associates, 1975, p. 7-38.

TURIEL, E. *The development of social knowledge: morality and convention*. Cambridge: Cambridge University Press, 1983.

______. "Dominios y categorías en el desarrollo cognitivo y social". *In*: TURIEL, E., ARANA, I. E. & IGLESIAS, J. L. L. (coord.). *El mundo social en la mente infantil.* Espanha: Alianza Editorial, 1989, p. 37-70.

______. "The development of morality". *In*: DAMON, W. (editor--in-chief). *Handbook of child psychology. Vol. 3: Social, emotional, and personality development*. Nova Iorque: John Wiley & Sons, 5. ed., 1998, p. 863-932.

______. "The many faces of parenting". *New Directions for Child and Adolescent Development*, 108: 79-88, 2005a.

______. "Thought, emotions, and social interactional processes in moral development". *In*: KILLE, M. & SMETANA, J. G. (orgs.). *Handbook of moral development*. Mahwah: Lawrence Erlbaum Associates, 2005b, p. 7-35.

______. "The development of morality". *In*: EISENBERG, N. (ed.). *Handbook of child psychology. Vol 3: Social, emotional, and personality development*. Nova Iorque: Wiley, 6. ed., 2006, p. 789-857.

______. "Social Decisions, Social Interactions, and the Coordination of Diverse Judgments". *In*: MULLER, U., CARPENDALE, J., BUDWIG, N. & SOKOL, B. (eds.). *Social Life and Social Knowledge*. EUA: Taylor & Francis Goup, 2008, p. 255-276.

______. "Domain Specificity in Social Interactions, Social Thought, and Social Development". *Child development*, 81 (3): 720-726, 2010.

______. "Morality: Epistemology, Development, and Social Opposition". *In*: KILLEN, M. & SMETANA, J. (eds.). *Handbook of moral development*. EUA: Lawrence Erlbaum Associates, 2. ed., 2013, p. 3-22.

______. "Moral Development in the Early Years: When and How". *Human Development*, 61 (4-5): 297-308, 2018.

TURIEL, E. & WAINRYB, C. "Social life in cultures: judgments, conflict, and subversion". *Child development*, 71 (1): 250-256, 2000.

VINHA, T. P. *O educador e a moralidade infantil: uma visão construtiva*. Lisboa: Mercado de Letras, 2000.

WALLON, H. *A evolução psicológica da criança*. São Paulo: Martins Fontes, 1941/2017.

WAINRYB, C. "Understanding differences in moral judgements: the role of informational assumptions". *Child development*, 62: 840-851, 1991.

WAINRYB, C. & TURIEL, E. "Conceptual and informational features in moral decision making". *Educational Psychologist*, 28 (3): 205-218, 1993.

WAINRYB, C., BREHL, B. A., MATWIN, S., SOKOL, B. W. & HAMMOND, S. "Being hurt and hurting others: Children's narrative accounts and moral judgments of their own interpersonal conflicts". *Monographs of the society for Research in Child Development*, 70: 1-122, 2005.

WESTON, D. R. & TURIEL, E. "Act–rule relations: Children's concepts of social rules". *Developmental Psychology*, 16 (5): 417-424, 1980.

WHITE, S. F., ZHAO, H., LEONG, K. K., SMETANA, J. G., NUCCI, L. P. & BLAIR, R. J. R. "Neural correlates of conventional and harm/welfare-based moral decision-making". *Cognitive, Affective & Behavioral Neuroscience*, 17 (6): 1114-1128, 2017.

YOO, H. N. & SMETANA, J. G. "Distinctions between moral and conventional judgments from early to middle childhood: A meta-analysis of social domain theory research". *Developmental Psychology*, 58 (5): 874-889, 2022.

YOUNISS, J. & SMOLAR, A. J. *Adolescent relations with mothers, fathers, and friends*. Chicago: Chicago University Press, 1985.

ZHANG, W. & FULIGNI, A. J. "Authority, autonomy, and family relationships among adolescents in urban and rural China". *Journal of Research on Adolescence*, 16 (4): 527-537, 2006.

DESENVOLVIMENTO MORAL: A PERSPECTIVA DA TEORIA DO DOMÍNIO SOCIAL[1]

Judith Smetana

INTRODUÇÃO

A moralidade consiste num importante tema de interesse de psicólogos e leigos, uma vez que sua preocupação central está em compreender a forma como os indivíduos devem interagir para que a convivência seja justa, respeitosa e, portanto, garanta o bem-estar recíproco. No entanto, o termo "moralidade" tem muitos e diferentes significados, tanto no discurso público quanto na teorização e na pesquisa psicológica. No discurso público, a moralidade é muitas vezes empregada como um termo avaliativo (por exemplo, que alguém se comportou "moralmente" ou "imoralmente"), sendo pequena a atenção sobre o real significado de um comportamento moral ou não, justificando a aplicação desse conceito. Psicólogos, por outro lado, dedicam grande atenção para os aspectos da definição de moralidade e têm demarcado diferentes posições. Essas diferentes abordagens podem ser categorizadas em várias dimensões diferentes. Por exemplo, embora a maioria das perspectivas psicológicas concorde que a moralidade é multifacetada, incluindo componentes afetivos, cognitivos e comportamentais, várias dessas abordagens teóricas discordam em relação a qual desses componentes é priorizado. Além disso, as

1 Capítulo publicado em: *The Oxford Handbook of Developmental Psychology, Vol. 1: Body and Mind.* Oxford Academic, sob o título: "Moral Development: The Social Domain Theory". Traduzido por Jaqueline Maria de Souza, Paulo Choi e Sandreilane Cano. Revisão técnica de Joseilde Maria Teles

abordagens diferem em estabelecer se as normas ou os valores morais são considerados situacionais, contextuais, culturalmente relativos ou alternativos, bem como se os princípios ou valores morais podem ser vistos como tendo uma aplicabilidade mais ampla e universal.

Este capítulo discute tais questões por meio da lente teórica da Teoria do Domínio Social. Os pesquisadores da perspectiva do Domínio Social propõem que o desenvolvimento moral é melhor compreendido através de análises psicológicas de julgamentos morais, mas também consideram a influência do afeto nos julgamentos e descrevem o comportamento em termos de interpretações individuais das situações. A Teoria do Domínio Social compreende o estudo do desenvolvimento moral em uma visão mais ampla do mundo social, pois postula que o pensamento das crianças sobre o mundo social implica heterogeneidade e coexistência de diferentes orientações, motivações e objetivos sociais. Assim, a moralidade é descrita como um entre vários aspectos do desenvolvimento e da construção do conhecimento social das crianças.

De acordo com a Teoria do Domínio Social, preocupações com moralidade, que pertencem aos conceitos de justiça, bem-estar e direitos, coexistem com questões de autoridade, tradição e normas sociais (referentes a convenções sociais), bem como questões pessoais, que dizem respeito à privacidade, integridade física, controle e um conjunto delimitado de escolhas e preferências. A moralidade, as convenções sociais e as questões pessoais são vistas como constituintes de um sistema organizado ou de domínio distinto do conhecimento social que se desenvolve a partir das experiências das crianças sobre diferentes tipos de regularidades no ambiente social (Turiel, 1983, 2002, 2006). A visão de domínio difere de outros modelos de desenvolvimento do juízo moral, como das abordagens estruturalistas desenvolvimentais que descrevem o processo de desenvolvimento moral como fruto de uma diferenciação gradual, na qual as preocupações com convenções são superadas pelas preocupações com princípios de justiça e respeito mútuo a deveres e direitos (sendo fiel ao texto: "Em termos de diferenças graduais entre princípios de justiça ou direito e preocupações não morais com convenções, pragmática ou prudência") (Colby & Kohlberg, 1987; Kohlberg, 1984; Piaget, 1932). Na visão aqui elaborada, domínios do conhecimento social são vistos como sistemas distintos que seguem diferentes trajetórias de desenvolvimento.

As bases teóricas das proposições da Teoria do Domínio Social e os métodos utilizados para testar essas proposições serão apresentados nas seções seguintes, e em seguida, são descritas as pesquisas empíricas relevantes que abordam essas proposições. A revisão das pesquisas está organizada cronologicamente em termos de desenvolvimento ontogenético, começando com a infância e avançando pelos anos da primeira infância, passando pelos anos escolares até a adolescência. Esta revisão destaca como crianças elaboram a compreensão e a interpretação de seus mundos sociais e como essas elaborações se transformam ao longo do tempo. A revisão apresenta, portanto, além de pesquisas sobre conhecimento moral, pesquisas sobre o conhecimento das convenções sociais e das questões pessoais, porque defende que uma ampla compreensão e apreciação da complexidade e diversidade da vida social implicam a consideração do conhecimento moral como distinto de outros, mas algumas vezes também coordenado com diferentes conhecimentos sociais. A pesquisa na Teoria dos Domínios expandiu-se consideravelmente nos últimos 30 anos, por isso é impossível apresentar todas as diferentes direções de pesquisa e resumi-las adequadamente em um único capítulo. No entanto, o leitor interessado pode buscar outras revisões da teoria (ver Nucci, 2001; Nucci & Gingo, 2010; Smetana, 2006, 2011; Turiel, 2002, 2006), bem como descrições detalhadas de programas específicos de pesquisa (Arsenio, Gold & Adams, 2006; Helwig, 2006; Killen & Rutland, 2011; Wainryb, 2006).

QUADRO TEÓRICO E MÉTODOS DE PESQUISA ASSOCIADOS

A moralidade como um domínio distinto do conhecimento social

Definições e critérios

A definição de moralidade, tal como é elaborada na Teoria do Domínio Social, é oriunda da teorização filosófica (Dworkin, 1978; Gewirth, 1978; Nussbaum, 1999; Rawls, 1971) e de extensas pesquisas psicológicas. Moralidade regula interações e relações sociais de indivíduos dentro das sociedades; pertence à compreensão prescritiva dos sujeitos de como as pessoas devem se comportar em relação às outras. Essas prescrições morais baseiam-se em conceitos de bem-estar (danos), justiça e direitos (Killen & Rutland, 2011; Nucci & Gingo, 2010; Smetana, 2006, 2011; Turiel, 1983, 2006). Baseado na escrita filosófica e na pesquisa psicológica, Turiel (1983) identificou um conjunto de critérios para distinguir a moral de outros tipos de conhecimento social. As concepções morais são postuladas como sendo obrigatórias, universalmente aplicáveis (na medida em que se aplicam a todos, em circunstâncias individuais), impessoais (por não se basearem em preferências pessoais) e determinadas por outros critérios que não o consenso ou a convenção institucional. Assim, "o errado" das transgressões morais é visto como decorrente de seus fatores intrínsecos, tais como suas consequências para direitos e bem-estar dos outros. Além disso, a moralidade é vista como "normativamente dependente" e, assim, regras morais são supostamente inalteráveis.

O entendimento prescritivo das crianças sobre suas relações sociais difere de suas compreensões descritivas sobre sistemas sociais, organizações sociais e convenções sociais. Assim, outra proposição central é a de que a moralidade é conceitual e desenvolvimentalmente distinta de outros tipos de conhecimento social. Consistente com perspectivas filosóficas sobre convenções sociais (Lewis, 1969; Searle, 1969), estas são definidas como parte de sistemas constitutivos e são relativas ao contexto, compartilhando uniformidades e normas (como etiqueta e boas maneiras), coordenando as interações dos indivíduos nos sistemas sociais. Convenções sociais sinalizam aos indivíduos expectativas quanto ao comportamento apropriado em diferentes contextos sociais e facilitam o harmônico e eficiente funcionamento do sistema social. Então, conceitos social-convencionais devem ser contextualmente relativos, consensualmente acordados, contingentes às regras específicas ou aos comandos de autoridade, e também alteráveis.

A moralidade e as convenções sociais são bastante diferenciadas conceitualmente do entendimento individual acerca das pessoas como sistemas psicológicos, incluindo suas compreensões e atribuições para o próprio comportamento e o de outros, seu conhecimento de si, sua personalidade e identidade. O conhecimento psicológico diz respeito às tentativas dos indivíduos de compreenderem causas psicológicas e de inferirem significados que não são dados pelas interações sociais. Embora o domínio psicológico seja um sistema conceitual e desenvolvimental distinto, Nucci (1996, 2001) argumenta que este domínio dá apoio ao escopo e à natureza da moral, no sentido em que as concepções de direito são fundadas em noções do eu e da agência pessoal (Dworkin, 1978; Gewirth, 1978).

Questões pessoais incluem preferências e escolhas que dizem respeito a temas como controle sobre o próprio corpo, privacidade e escolha de amigos ou de atividades (Nucci, 1996, 2001, 2008). Uma vez que as questões pessoais dizem respeito somente ao ator e aos aspectos de sua vida privada, são consideradas fora do âmbito da regulamentação convencional e das preocupações morais. Nucci (1996, 2001) propôs que os indivíduos exercem sua agência pessoal reivindicando controle sobre questões pessoais. Reivindicações sobre jurisdição pessoal ajudam a estabelecer a autonomia ou a distinção dos indivíduos em relação aos outros, e o direito de tomar decisões autônomas constitui a fronteira entre o eu e o mundo social. Crianças e adolescentes classificam, tipicamente, questões pessoais como sendo decisões individuais (e não como atos que são certos ou errados), baseados em justificativas de que as consequências dos atos afetam apenas o ator ou de que os atos são assuntos pessoais que dizem respeito apenas ao próprio ator (Killen & Smetana, 1999; Nucci, 1981; Nucci & Weber, 1995; Smetana, 2011; Smetana & Asquith, 1994).

Moralidade também se distingue de questões prudenciais, definidas como atos não sociais relativos à segurança, prejuízos, conforto e saúde do próprio sujeito (Smetana & Asquith, 1994; Tisak & Turiel, 1984). Regras morais e prudenciais regulam os atos que têm consequências físicas para as pessoas. Enquanto moral diz respeito às interações entre pessoas, prudência relaciona-se aos atos que têm consequências negativas, imediatas e diretamente perceptíveis para o próprio sujeito. Assim, questões prudenciais são tipicamente subjugadas ao pessoal (Nucci, Guerra & Lee, 1991; Smetana, 2011; Smetana & Asquith, 1994; Tisak, 1993).

Métodos para a identificação dos domínios moral e social

Um corpo considerável de pesquisas, particularmente pesquisas iniciais da Teoria do Domínio Social, concentra-se em examinar a proposição de que crianças distinguem, em seus julgamentos e justificativas, moralidade de convenção social. Esses estudos investigam, normalmente, julgamentos de crianças sobre situações hipotéticas consideradas prototípicas dos domínios. Nessas pesquisas, eventos morais, regras ou transgressões são apresentados em vinhetas de história ou imagens, retratando eventos diretos (em que os atos não estão em conflito com outros tipos de objetivos, motivações ou eventos); os atos são geralmente retratados como intencionais e voluntários, gerando consequências para o bem-estar ou direitos de outras pessoas.

A pesquisa investiga se as crianças diferenciam moralidade de outros tipos de conhecimento social em seus critérios de julgamentos, que são os critérios teóricos hipotetizados para distinguir os domínios uns dos outros. As crianças avaliaram se regras morais são alteráveis ou não (alterabilidade). Avaliaram, também, sua generalização, isto é, se eventos morais ou transgressões são errados em diferentes contextos sociais, como em casa, em outra escola ou em outros países. A obrigação moral foi operacionalizada em termos de julgamentos de crianças sobre indivíduos serem obrigados ou não a executar ações solicitadas, obedecer a regras ou desistir de se engajar em determinadas ações. Julgamentos de regra e independência da autoridade, em eventos morais (versus contingência de eventos convencionais em regras ou autoridade), foram operacionalizados em termos de avaliar se os atos ou as transgressões eram errados na ausência de regras (independentes das regras) ou se a autoridade (professor, pai etc) não sabia sobre (ou viu) a violação da regra (independente da autoridade).

Além disso, também foram estimados julgamentos sobre permissão de diferentes transgressões, avaliações quantitativas da gravidade ou seriedade das transgressões, o quanto tais transgressões mereceriam ser punidas, bem como avaliações sobre a importância de diferentes tipos de regras. Enquanto transgressões morais são geralmente tratadas como menos permissíveis, mais sérias e mais merecedoras de castigo do que transgressões convencionais, regras morais são normalmente classificadas como mais importantes do que regras convencionais, assim, essas dimensões são vistas como correlacionadas entre si e não como critérios formais para distinguir os domínios (Tisak & Turiel, 1988).

As justificativas das crianças para seus julgamentos, ou os tipos de motivos que os indivíduos fornecem para explicar suas avaliações das ações sociais, também são usadas como critérios para distinções de domínio. Justificativas morais referem-se às consequências intrínsecas dos atos para os outros, incluindo preocupações com prejudicar os outros ou com seu bem-estar, com justiça ou direitos e com obrigações. Justificativas sócio-convencionais referem-se à autoridade (incluindo preocupações com punição, regras ou comandos de autoridade), às expectativas e às regularidades sociais (por exemplo, normas sociais e culturais), e à organização social ou à ordem social (por exemplo, necessidade de manter a ordem social, evitar desordem ou coordenar interações sociais). Justificativas pessoais referem-se a preferências, escolhas pessoais, além de afirmações de que os atos são inconsequentes, não afetam os outros, que dizem respeito somente ao próprio sujeito ou que estão associadas à sua identidade.

O protocolo de entrevista para examinar as distinções nos julgamentos foi empregado com uma ampla faixa etária de crianças, incluindo adaptações para as crianças muito pequenas. Por exemplo, para minimizar as exigências verbais em crianças pequenas, em vez de narrar histórias, são mostradas imagens de eventos ou transgressões; os critérios de julgamentos podem ser aferidos por meio de respostas simples (sim / não) e, particularmente com as crianças pequenas, as justificativas não são aferidas.

Coordenações e sobreposições nos conceitos morais e sociais e pressupostos informacionais

Fundamentação teórica

Embora os indivíduos façam distintos julgamentos morais e sociais, isso não implica que todos os eventos e situações sociais possam ser separados, de forma pura e simples, em componentes morais, convencionais ou pessoais (Helwig, 2006; Nucci, 2001; Nucci & Gingo, 2010; Smetana, 1983, 2006, 2011; Turiel, 1983, 2002, 2006). Eventos ou situações podem envolver referências sobrepostas de diferentes domínios. Essas sobreposições podem refletir conflitos, coordenações entre diferentes componentes ou subordinação de um conjunto de referência a outro. Mais formalmente, foi proposto (Smetana, 1983; Turiel, 1983) que situações multifacetadas podem assumir três formas: aquelas nas quais os componentes de mais de um domínio se sobrepõem como, por exemplo, quando as preocupações convencionais de organização social implicam injustiças (como em um sistema de castas); eventos de segunda ordem (*second-order events*), nos quais a violação de uma convenção resulta em prejuízos psicológicos ou físicos para os outros; e eventos ambiguamente multidimensionais, nos quais os indivíduos fazem atribuições de domínios diferentes ao mesmo evento.

Muitas pesquisas focam nesses "domínios mistos" ou eventos multifacetados. Poucos estudos focam na identificação das formas de coordenação, mas a maioria dos estudos investiga coordenações de domínio como um método para a compreensão de conceitos sociais complexos (como a exclusão entre pares), que supostamente envolvem preocupações sobrepostas de diferentes domínios (ou em alguns casos, como com direitos sobrepondo-se a preocupações morais). A natureza multifacetada de muitos eventos sociais é vista como fonte de grande variabilidade desenvolvimental e contextual e fonte de inconsistência nos julgamentos. A maneira como os indivíduos pesam e coordenam considerações morais e não morais em seus julgamentos pode variar entre contextos, culturas e desenvolvimento. De fato, Turiel (1983, 2002, 2006) afirmou que uma explicação adequada do desenvolvimento deve incluir análises de como os indivíduos coordenam questões morais e não-morais em seu pensamento.

Pressupostos informacionais

Os pesquisadores da Teoria do Domínio Social também fizeram distinções entre crenças factuais e avaliações morais (Turiel, Killen &

Helwig, 1987; Wainryb, 1991, 2000; ver Hatch, 1983, para uma extensa discussão numa perspectiva antropológica). A proposição básica é que as diferenças aparentes nas avaliações morais podem ser devidas às diferenças na compreensão descritiva das crianças sobre a natureza da realidade (chamadas de pressupostos informacionais), em vez de serem devidas aos seus conceitos ou princípios morais, e também que as crianças consistentemente levam em conta tanto crenças factuais quanto princípios morais ao fazerem seus julgamentos. Por exemplo: cortar intencionalmente o braço de uma pessoa e deixá-la sangrar copiosamente foi considerado salvação, "estado da arte" sobre a intervenção médica, há séculos. Se alguém acredita em sua eficácia, a sangria é um ato intencional, mas não uma violação moral. Hoje, essas crenças provavelmente seriam rejeitadas; cortar alguém para fazê-lo sangrar seria visto como causar dano e, assim, uma violação moral. Suposições ou crenças informacionais podem, portanto, influenciar a maneira como os indivíduos interpretam práticas sociais e como agem com suas crenças. Conforme o exemplo acima sugere, pressupostos informacionais se originam em uma variedade de fontes, incluindo ciência e religião, e podem mudar, de acordo com o avanço no conhecimento científico (por exemplo, descobrindo que a sangria pode ser prejudicial à saúde). Diferentes grupos dentro de uma cultura também podem discordar sobre pressupostos informacionais (por exemplo, diferentes crenças religiosas sobre quando o feto se torna uma pessoa, diferentes teorias sobre as causas do HIV/AIDS ou diferentes teorias leigas a respeito de práticas educativas parentais).

Métodos para investigar a sobreposição dos domínios e os pressupostos informacionais

Em pesquisas, investigando julgamentos sobre situações multifacetadas, os participantes tipicamente avaliam situações hipotéticas onde diferentes tipos de preocupações conflitam ou se sobrepõem. Às vezes, os pesquisadores investigam julgamentos de crianças sobre diferentes situações supostamente envolvendo componentes de diferentes domínios. Pesquisadores também comparam julgamentos sobre eventos simples (de domínio único), apresentados de forma descontextualizada e abstrata, com julgamentos sobre as mesmas questões, retratadas por situações contextualizadas, onde não há competição com outros conceitos morais (aplicações não conflituosas, mas contextualizadas). Um ou ambos os tipos de investigações também podem ser comparados com julgamentos sobre situações de domínio misto ou sobre situações multifacetadas, que consistem em eventos similares, apresentados em conflito com outras preocupações ou com preocupações morais em outros domínios. As análises focam na identificação de diferentes justificativas e julgamentos empregados. Além disso, alguns estudos categorizam, explicitamente, a forma como os domínios são coordenados, incluindo subordinação de um domínio ao outro (pois há casos em que um tipo de preocupação é explicitamente considerada, mas rejeitada como menos saliente ou menos válida, ou porque há casos em que preocupações concorrentes nem são reconhecidas), coordenações entre diferentes conceitos sociais, ou conflito entre domínios. Esses estudos são úteis porque demonstram a relevância de diferentes preocupações em situações multifacetadas e também podem esclarecer diferenças individuais nos julgamentos morais e sociais das crianças.

Métodos similares são empregados para investigar o papel dos pressupostos informacionais nos julgamentos de crianças. Para investigar se diferenças aparentes nas avaliações morais são devidas às diferenças na relevância dos pressupostos informacionais, estes passam a ser manipulados e comparados a julgamentos sobre transgressões prototípicas. Por exemplo, um evento moral prototípico (um pai que espanca seu filho) pode ser comparado a um ato similar, com objetivos bem definidos, mas apresentado em um contexto de objetivos potencialmente legitimados do ponto de vista moral (um pai que espanca seu filho por se comportar mal repetidamente), e o mesmo evento pode ser descrito juntamente com diferentes pressupostos informacionais (a alegação de especialistas mostrando que a punição corporal é ineficaz). As avaliações dos atos nessas diferentes condições são comparadas. Estudos também examinaram como diferenças nos pressupostos informacionais vigentes afetam as avaliações dos indivíduos em relação a questões sociais controversas.

As dimensões afetivas nos julgamentos morais e sociais das crianças

Fundamentação teórica

Arsenio e seus colegas (Arsenio *et al.*, 2006; Arsenio & Lover, 1995) forneceram um relato detalhado das conexões hipotéticas entre afeto e julgamentos morais e convencionais (ou o que chamam de "sociomorais"). Eles focam em concepções ou atribuições das crianças para as consequências emocionais dos eventos morais e sociais, e também nas ligações entre informação afetiva, raciocínio moral e comportamento.

Os estudos de Arsenio e de seus colegas (2006) baseiam-se na formulação biologicamente fundamentada de Damásio (1994, 2003) sobre os vínculos entre afeto e comportamento. Baseado em seu trabalho com pacientes com lesões cerebrais, Damásio (1994) levantou a hipótese de que comportamentos específicos tornam-se associados a resultados positivos ou negativos, e que essas associações resultam em sentimentos viscerais ou "marcadores somáticos". Marcadores somáticos são estruturas de conhecimento que podem ser usadas em muitas situações, sem processamento cognitivo adicional. Damásio considera esse rápido processamento de emoções primárias (por exemplo, em situações de ameaça) como evolutivamente adaptativo, porque permite o processamento muito rápido de escolhas de ação, em situações onde a sobrevivência pode estar em jogo. Os "sentimentos viscerais" também permitem aos indivíduos restringirem opções de escolhas para permitir um processamento cognitivo mais eficiente. Essa noção de "sentimentos viscerais" é um componente central da concepção moral sócio-intuicionista de Haidt (2001, 2007), enfatizando a primazia do rápido ("intuitivo") processamento emocional.

A pesquisa de Damásio (2003), entretanto, elaborou uma nova etapa de compreensão evolucionária (ignorada pelos estudos de Haidt, 2001, 2007), considerada por Arsenio e seus colegas (2006) como ainda mais importante no funcionamento humano adaptativo. Os seres humanos também fazem conexões entre a emoção sentida em relação a objetos ou eventos específicos. Tal consciência permite maior planejamento e tomada de decisões e, em última instância, maior flexibilidade comportamental.

Arsenio e seus colegas (2006; Arsenio & Lover, 1995) delinearam uma sequência de desenvolvimento, em quatro etapas, no papel da informação afetiva na moralidade. Em primeiro lugar, as crianças têm experiências (como testemunhas e participantes) em diferentes eventos morais e convencionais, e, obviamente, tais eventos têm cargas emocionais. Depois, em segundo lugar, as diferentes emoções tornam-se associadas aos eventos em diferentes domínios. Embora os eventos sociomorais sejam diversos, Arsenio e seus colegas propuseram que as experiências afetivas das crianças são altamente diferenciadas por domínio, levando a regularidades afetivas em suas representações cognitivas dos eventos. Por exemplo, diferenças na tendência dos eventos morais e convencionais para estimular a excitação emocional promovem uma codificação diferencial desses eventos; eventos morais muito excitantes são considerados "imorais", em parte porque são mais afetivamente salientes do que eventos menos excitantes. Arsenio e Lover (1995) também propuseram que as crianças concordariam mais sobre expectativas das consequências emocionais associadas aos eventos morais do que em relação a outros eventos.

Em terceiro lugar, nota-se que crianças usam informações sobre consequências afetivas de diferentes eventos, a fim de antecipar prováveis resultados de diferentes alternativas comportamentais. Finalmente, o conhecimento afetivo é empregado para formar julgamentos morais mais generalizados. Arsenio e seus colegas sugerem que deve haver variabilidade individual, bem como tendências e distorções potenciais nessas duas últimas etapas, devido a estados de humor ou histórias individuais. Ainda, Arsenio (2010) articulou como essas diferenças individuais podem levar a agressões pró-ativas e formas de vitimização. À luz dos debates atuais sobre a primazia das emoções em relação à cognição no desenvolvimento moral, é interessante notar que os estudos de Arsenio e Lover envolvem uma integração complexa de ambos os aspectos.

Métodos

De acordo com o foco na informação afetiva (em vez de respostas emocionais *per se*), foram investigadas as atribuições das crianças, ou seu conhecimento sobre respostas emocionais às diferentes transgressões. Para tanto, imagens de rostos expressando diferentes emoções (alegria, tristeza, medo, raiva ou neutro) são mostradas às crianças e pede-se para selecionarem a emoção que melhor descreveria a maneira como se sentiriam as vítimas ou os transgressores, nas transgressões representadas.

As experiências sociais das crianças como base à diferenciação dos julgamentos morais e sociais

Preocupações teóricas

Outra proposição central é que concepções morais, convencionais e pessoais são construídas a partir de regularidades no ambiente social

(Turiel, 1983, 2002). Os indivíduos são vistos como possuidores de experiências sociais variadas, levando ao desenvolvimento de diferentes tipos de sistemas do conhecimento social. Assim, as concepções convencionais são resultantes de interações sociais que destacam regras, sanções e regularidades apropriadas em diferentes contextos sociais. Interações relacionadas a questões pessoais supostamente aumentam oportunidades para as preferências e escolhas das crianças (Nucci & Weber, 1995).

Em contraste, as experiências das crianças como vítimas e como observadoras de transgressões, e, particularmente, suas experiências sobre as consequências das transgressões para direitos e bem-estar dos outros, são hipóteses que facilitam o desenvolvimento dos julgamentos morais prescritivos. Esta última hipótese está de acordo com Piaget (1932) e outros (Damon, 1977; Youniss, 1980), que propõem que a natureza recíproca das relações de pares permite experiências de conflito, cooperação e negociação, podendo facilitar o desenvolvimento do julgamento moral. Além disso, Dunn (2006) lembrou-nos que, embora interações com colegas e irmãos possam facilitar o desenvolvimento de um julgamento moral mais maduro, esses avanços podem ser usados para fins bons ou mais tortuosos. Irmãos e amigos fornecem um contexto para experiências morais e interações em que as crianças consigam aprender comportamento moral (como empatia), mas também, particularmente com os irmãos, comportamento imoral, incluindo experiências de provocar, machucar e incomodar os outros.

A ênfase no papel da reciprocidade nas interações morais entre pares também levou à visão, inicialmente proposta por Piaget (1932) e adotada posteriormente por outros (Kohlberg, 1984), de que devido à natureza hierárquica das relações de pais e filhos e, consequentemente, às diferenças de poder na relação, adultos não são uma fonte importante de influência e podem até mesmo restringir o desenvolvimento do julgamento moral. Em contraste, os teóricos do Domínio Social propuseram que interações com os pais (e, de modo mais amplo, com outros adultos) podem contribuir significativamente e positivamente para o desenvolvimento moral (Smetana, 1997). Explicações, raciocínio específico dos pais (por vezes referido como disciplina indutiva), respostas e reações (tanto verbais como emocionais) sobre o comportamento das crianças fornecem uma fonte complementar de informação às experiências mais diretas delas para as consequências intrínsecas das ações para os outros. Comentários, reações e respostas dos pais sobre o comportamento da criança ("Olhe o que você fez - você a machucou e a fez chorar!") podem facilitar o desenvolvimento moral das crianças, fornecendo informações sobre a natureza dos atos e estimulando as crianças a pensarem reflexivamente sobre as suas ações. Este ponto de vista, de que práticas parentais e situações disciplinares são um contexto importante para o desenvolvimento do julgamento moral, considerando o processo de disciplina como interativo, difere das perspectivas socializadoras anteriores (ver Grusec & Davidov, 2007; Kuczynski & Navara, 2006; perspectiva de socialização clássica).

A noção de Piaget (1932), de que as assimetrias de poder da relação de pais e filhos restringem o desenvolvimento, está um pouco em desacordo com o relato construtivista do desenvolvimento do julgamento moral, pois implica que as crianças (pelo menos as jovens) aceitam a autoridade dos adultos e possuem o respeito unilateral pelas regras dos adultos. Em contraste, a proposição da Teoria do Domínio, de que situações de disciplina são interativas, também implica que crianças ou adolescentes avaliam a legitimidade da autoridade dos adultos em fazer regras ou solicitar obediência. Portanto, os pesquisadores examinaram as concepções de crianças e adolescentes sobre a autoridade legítima dos adultos (pais e professores).

Método

Os pesquisadores da perspectiva do Domínio testaram hipóteses sobre origens experienciais de julgamentos morais e sociais ao examinarem padrões sistemáticos de interações sociais distintas, que se comparam às distinções hipotéticas nas concepções sociais. Correspondências entre interações sociais e julgamentos sociais são vistas como uma demonstração de que interações sociais fornecem a base experiencial para a construção do conhecimento social (Turiel, Smetana & Killen, 1991). Nucci e Turiel (1978) foram os pioneiros de um padrão de protocolo observacional que tem sido usado em uma série de estudos de interações naturalistas. Os observadores usam definições comportamentais (por exemplo, conflitos de objeto ou agressão) para identificar e classificar com segurança as transgressões observadas como morais, convencionais ou, em alguns casos, prudenciais ou pessoais, e depois esses observadores codificam quem respondeu às transgressões (a vítima, os outros pares ou os adultos) e o tipo de resposta. As respostas também são codificadas usando um sistema de categorias que inclui respostas comportamentais (por exemplo, retaliação física), reações emocionais, zombaria, comandos e diferentes tipos de declarações (por exemplo, desordem versus declarações de direitos).

Os pesquisadores da perspectiva do Domínio também testaram hipóteses sobre origens experienciais de julgamentos morais e sociais, empregando modelos experimentais que modificam as características dos atos morais e convencionais, e, em seguida, examinaram julgamentos e justificativas das crianças sob essas diferentes condições. Por exemplo, os estudos usam estímulos que descrevem características diferentes de eventos morais e convencionais, porém os eventos em si não são especificados (por exemplo, usando palavras sem sentido; Smetana, 1985), ou tais estímulos descrevem situações canônicas e não canônicas (por exemplo, onde os eventos morais são descritos como causadores de danos ou prazer; Helwig, Zelazo & Wilson, 2001; Zelazo, Helwig & Lau, 1996), ou as respostas prototípicas versus não prototípicas às transgressões (Shaw & Wainryb, 2006). Esses estudos fornecem algumas percepções sobre as pistas usadas pelas crianças para avaliar eventos como morais ou não morais. Uma terceira abordagem é examinar as avaliações de crianças com experiências sociais variadas, tal como diferentes experiências das creches ou estudos sobre crianças com desenvolvimento atípico.

Coordenações, domínios sobrepostos e pressupostos informacionais: vida social nas culturas

Preocupações teóricas

As preocupações articuladas nas seções anteriores com o desenvolvimento de domínios distintos do conhecimento social, sua aplicação em situações multifacetadas, o papel dos pressupostos informacionais, e a influência de diferentes experiências sociais no desenvolvimento de concepções morais e sociais reúnem-se, todas, no estudo da diversidade cultural. Os teóricos da perspectiva dos domínios têm uma preocupação de longa data com a aplicação transcultural do raciocínio moral e social (ver Killin & Wainryb, 2000; Smetana, 2002, 2011; Turiel, 2002, 2006; Wainryb & Recchia, 2014); portanto, este é um tema vasto que é apenas brevemente visto aqui.

Em contraste com uma abordagem popular sobre cultura, que descreve as culturas conforme as várias dimensões globais, como individualismo e coletivismo (Shweder, Goodnow, Hatano, LeVine, Markus & Miller, 2006), a Teoria do Domínio adota uma visão mais diferenciada, levando em consideração a diversidade das orientações dentro das culturas e as diferentes experiências sociais dos indivíduos distintos em diferentes contextos dentro delas. A proposição central é que os indivíduos em todas as culturas desenvolvem orientações heterogêneas que envolvem a coexistência de diferentes tipos de preocupações, incluindo preocupação com direitos e bem-estar dos outros (moralidade), com a importância de manter tradições e objetivos do grupo (convenções sociais) e a preocupação com a escolha da pessoa, direitos pessoais e autonomia (questões pessoais). Assim, como outras teorias estruturais do desenvolvimento (Colby & Kohlberg, 1987; Kohlberg, 1984), os teóricos da perspectiva do Domínio afirmam que concepções morais são universalmente aplicáveis, mas concepções de convenção social e jurisdição pessoal também são. Convenções sociais têm as mesmas funções de estruturar e facilitar interações sociais em todas as culturas, embora seja esperado que suas formas variem. Noções sobre domínio pessoal também estão fundamentadas em realidades psicológicas subjacentes, transculturalmente aplicáveis (Killen & Wainryb, 2000; Neff & Helwig, 2002; Nucci, 1996, 2001; Smetana, 2002, 2011; Wainryb, 2006); portanto, todas as culturas supostamente tratam algumas questões como fundamentalmente dentro dos limites do eu e da agência pessoal, embora culturas possam variar tanto no escopo quanto no conteúdo do domínio pessoal (Nucci, 1996; Smetana, 2002, 2011). Apesar de os indivíduos nas diversas culturas desenvolverem essas diferentes orientações para o seu mundo social, a diversidade no raciocínio decorre das diferentes formas em que os conceitos de moralidade, convenções sociais e questões pessoais entram em conflito uns com os outros e são coordenados em desenvolvimento.

Além disso, tem ocorrido um crescente interesse (discutido extensivamente em Turiel, 2002) na análise de julgamentos morais e sociais em função da posição dos indivíduos na hierarquia social. Ou seja, noções de justiça podem diferir em diferentes arranjos societais e sociais, e podem ser fontes potentes da variação dentro e entre culturas sobre os julgamentos morais e sociais (Turiel, 2002, 2005). Pessoas exercendo funções mais subordinadas (por exemplo, mulheres, crianças, indivíduos que vivem em situação de pobreza) podem sofrer maiores restrições em suas escolhas e em suas liberdades, em função de sua posição social, bem como nas desigualdades pela distribuição de poder e nas oportunidades disponíveis. Assim, de acordo com algumas abordagens antropológicas que argumentam contra a "essencialização das culturas" (Abu-Lughod, 1993; Holloway, 1999; Strauss, 2000), a pesquisa da perspectiva da Teoria do Domínio Social considera a maneira como indivíduos em posições subordinadas resistem e subvertem práticas sociais (ver Smetana, 2011; Turiel, 2002).

Um capítulo sobre o desenvolvimento moral não seria completo sem menção de gênero, já que a questão das diferenças de sexo no desenvolvimento moral tem sido uma fonte de longa controvérsia. Por exemplo, Gilligan (1982) afirmou que meninos e meninas desenvolvem diferentes orientações morais. Ela argumentou que a moralidade dos meninos é orientada às regras, aos direitos e ao eu como um agente autônomo, enquanto a moral das meninas é estruturada pelo cuidado, pela responsabilidade e pela necessidade de evitar danos. Tal como descrito por Walker (2006), estas reivindicações foram debatidas e pesquisadas extensivamente. Apesar das controvérsias, poucas diferenças do sexo emergiram na pesquisa do Domínio Social. Meninos e meninas não parecem diferir sistematicamente nas suas capacidades de aplicarem critérios morais às situações ou ao usarem o raciocínio moral. Se meninos e meninas dão maior prioridade à manutenção de obrigações interpessoais à justiça, parece depender mais das características das situações do que do gênero. No entanto, Turiel (2002, 2006) chamou a atenção para a forma como diferenças de gênero e desigualdades na distribuição de poderes e recursos na família podem influenciar a compreensão moral das crianças, bem como papéis sociais e relacionamentos. Isso levou a pesquisas sobre como as interações e as desigualdades sociais do gênero (particularmente em diferentes culturas) tomam parte nas avaliações morais e sociais das crianças.

Método

Os métodos discutidos nas seções anteriores foram todos aplicados no estudo da cultura. Distinções de domínio foram examinadas usando julgamentos e justificações de critério, empregando convenções culturalmente apropriadas e questões pessoais. Sobreposições e coordenações no raciocínio moral e social foram estudadas, separando diferentes componentes do raciocínio dos indivíduos. Pressupostos informacionais foram examinados dentro das culturas e, também, para entender avaliações individuais de práticas sociais culturalmente diferentes, apresentando diferentes crenças culturais e práticas como estímulos hipotéticos. Passemos agora à consideração de como essas diferentes proposições teóricas e métodos empíricos são aplicados em estudos com crianças em diferentes idades.

ORIGENS ONTOGENÉTICAS DOS JULGAMENTOS MORAIS E SOCIAIS DAS CRIANÇAS: INFÂNCIA E PRIMEIRA INFÂNCIA

Como discutido anteriormente, uma proposição central da Teoria do Domínio Social é que diferenciações entre moralidade e outras concepções sociais se desenvolvem precocemente na ontogênese. Pesquisas com primatas não humanos sugerem que as raízes da moralidade, incluindo simpatia, normas sociais, reciprocidade e entendimento, são evidentes em outras espécies (Killen & de Waal, 2000); além disso, preferências por caracteres pró-sociais em vez de antissociais foram observadas em (humanos) bebês (Hamlin & Wynn, 2011; Hamlin, Wynn & Bloom, 2007). Embora esses estudos focalizem comportamento em vez de julgamentos, os resultados são consistentes com a ideia de que seres humanos têm uma predisposição biológica para desenvolver concepções morais. Começando na infância, e particularmente quando as crianças começam a locomover e explorar ativamente seus mundos sociais (e não sociais), interações e experiências sociais levam à emergência de concepções morais e sociais qualitativamente distintas. Assim, esperaríamos encontrar algumas diferenças nas interações sociais entre bebês e crianças, que pudessem explicar esse surgimento precoce.

As pesquisas indicam que crianças começam a se preocupar com padrões adultos durante o final do segundo ano de vida. O amplo programa de pesquisa de Judy Dunn (revisado em Dunn, 2006) examinou como a compreensão das regras sociais, por parte dos bebês, desenvolve-se no contexto familiar. Dunn (2006) revisa estudos de interações de bebês de 14 a 36 meses de idade com suas mães e irmãos; esses estudos mostram que as mães de crianças com 14 meses de idade não se reportam explicitamente às regras sociais que não seja considerando os atos como "impertinentes" ou "bons". No entanto, observações das reações não verbais das crianças com as violações de regras de seus irmãos (por exemplo, olhando e sorrindo enquanto as transgressões estavam sendo executadas ou chamando a atenção da mãe ou do irmão para esses eventos) sugerem que crianças de 16 a 18 meses de idade estavam conscientes sobre as violações das regras sociais. Entre 18 e 24 meses de idade, observou-se aumento significante no número de incidentes de conflito em que as mães se referiam às regras sociais, na sofisticação das justificativas delas para as crianças e nas explicações das crianças sobre o seu mau comportamento com as mães.

Dois estudos longitudinais examinando expectativas das mães quanto ao comportamento de bebês e crianças (Gralinski & Kopp, 1993) também indicaram que as preocupações das regras sociais para as mães mudam durante o segundo e o terceiro anos de vida. Refletindo competências do desenvolvimento das crianças, a maioria das regras descritas por mães de crianças de 13 ou 14 meses de idade se concentrou em questões de segurança (não tocar em coisas perigosas, não ir para a rua), de propriedade (não rasgar livros, não pintar paredes ou móveis), de prevenção de danos aos outros ("não morder") e, com menos frequência, de atraso (esperar quando a mãe está no telefone, não interromper a conversa dos outros). Além disso, análises das justificativas das mães para essas regras indicaram que regras interpessoais foram vistas como regras morais; as de segurança e as de propriedade foram vistas como prudenciais; e as convencionais foram vistas como convencionais e psicológicas (Smetana *et al.*, 2000). As mães das crianças pequenas transmitiram poucos padrões ou fizeram poucos pedidos em relação às questões pessoais (como escolha de roupas, comida e companheiros de brincadeiras), pois não consideravam tais pedidos como adequados ao desenvolvimento (Smetana *et al.*, 2000).

A rede de regras das mães se expande, tanto em número quanto em formato, ao longo do segundo ano de vida da criança. Com a idade, o foco de garantir a segurança (para si e para os outros) muda para uma maior preocupação com a comunicação de normas familiares, rotinas, padrões culturais e autocuidado; as mães regulam cada vez mais as questões pessoais por razões prudenciais e, menos frequentemente, pragmáticas (Smetana *et al.*, 2000). Além disso, crianças avaliadas pelos pais como temperamentalmente mais ativas e mais positivas receberam mais regras para o seu comportamento aos 14 meses de idade do que aquelas com baixo padrão temperamental (Smetana *et al.*, 2000), sugerindo que as mães consideravam tanto características dos atos quanto a individualidade de seus filhos na definição de expectativas. Assim, mães de bebês parecem se preocupar primeiro com a segurança e com a sobrevivência, depois com a regularidade de interações interpessoais (preocupações morais) e, mais tarde, com o comportamento convencional apropriado.

Esta conclusão é consistente com resultados de um estudo observacional naturalista de interações de crianças de 2 e 3 anos de idade com mães e colegas conhecidos (Smetana, 1989). As interações das crianças com seus pares eram principalmente sobre questões morais, tais como questões de posse, direitos, revezamento, ferimentos, agressão e indelicadeza, enquanto conflitos convencionais – principalmente sobre questões de maneiras e cortesias, regras da casa e convenções culturais – ocorreram principalmente com as mães. As transgressões mais convencionais foram observadas entre crianças de 2 a 3 anos, o que provavelmente reflete as crescentes demandas das mães por comportamentos convencionalmente adequados (Gralinski Kopp, 1993; Smetana *et al.*, 2000).

Smetana (1989) observou que tanto adultos como crianças (principalmente as vítimas) responderam às transgressões morais de maneira a fornecer um *feedback* sobre os efeitos dos atos para os direitos ou para o bem-estar dos outros (por exemplo, pedidos dos adultos para tomarem a perspectiva da vítima, tentativas das crianças e dos adultos para avaliarem direitos, reações emocionais das vítimas ou reivindicações de lesão ou perda). As mães responderam mais frequentemente às transgressões convencionais do que às transgressões morais com comandos ou sanções para cessar o comportamento, sem explicação do motivo pelo qual os atos eram errados (Smetana, 1989). As mães também responderam às violações convencionais das crianças com declarações sobre a desordem causada pelos atos e declarações de regras. Assim, as crianças pareciam obter informações sobre consequências intrínsecas de suas violações morais a direitos e bem-estar dos outros, tanto a partir de reações negativas diretamente vivenciadas ou observadas pelas vítimas de transgressões morais, como de explicações adultas sobre o porquê de os atos serem errados. Os resultados das transgressões morais foram consistentes com outro estudo, com crianças de 20 e 30 meses de idade, indicando que intervenções maternas sobre conflitos entre pares, relativos à posse, eram consistentemente focadas em questões de direitos e de privilégios, embora fossem inconsistentes quanto ao fato de endossarem princípios da propriedade de seus filhos ou de direitos das outras crianças (Ross, Tesla, Kenyon & Lollis, 1990). Interações convencionais e morais de bebês são afetivamente carregadas, fornecendo os tipos de associações de afeto-evento vistas por Arsenio e Lover (1995) como facilitadores na compreensão das crianças sobre julgamentos morais e convencionais distintos.

Além disso, as expressões emocionais dos pais, acompanhando suas proibições nas interações com seus filhos, potencialmente podem facilitar a compreensão das crianças sobre suas transgressões. Dahl, Campos e Witherspoon (2011) sugeriram que a qualidade da raiva (por exemplo, raiva mais séria em oposição ao aborrecimento) pode estar associada às transgressões morais, enquanto desgosto pode estar mais associado às violações sócio-convencionais, e medo pode ser um poderoso sinal de transgressões prudenciais.

DESENVOLVIMENTO MORAL E SOCIAL DURANTE OS ANOS PRÉ-ESCOLARES

O desenvolvimento das concepções morais

Foram examinadas diferenças nas avaliações pré-escolares sobre diversos tipos de eventos morais, incluindo danos físicos (por exemplo, bater ou chutar), danos psicológicos ou angústias (por exemplo, provocar, xingar uma criança ou ser mau), e justiça (não dividir ou revezar). Crianças pequenas aplicam, mais consistentemente, critérios morais a eventos envolvendo danos físicos do que injustiça, em idades mais novas (Smetana, 1981a; Smetana, Kelly & Twentyman, 1984), além de serem inconsistentes na aplicação de critérios morais para compartilhar. As diferenças entre os estudos podem ser devidas à ambiguidade na representação do compartilhamento e da distribuição de recursos, uma vez que os estímulos nesses estudos nem sempre indicam claramente se os objetos são bens pessoais (onde os direitos de propriedade determinam que a partilha pode ser mais discricionária) ou propriedade comunal, onde os direitos de posse podem dominar (por exemplo, Ross *et al.*, 1990). Entretanto, Wainryb, Brehl e Matwin (2005) descobriram que, diferente das narrativas de crianças mais velhas, as narrativas de crianças pré-escolares em conflitos morais prévios, obtidas da perspectiva do agressor e da vítima, concentraram-se mais no dano físico. Assim, danos físicos são muito salientes para crianças pré-escolares, embora os conflitos das crianças mais jovens se concentrem em maior número nos conflitos de objeto do que na agressão.

Smetana, Rote e seus colegas (2012) examinaram, durante um ano, a mudança sobre julgamentos de crianças de 2,5 a 4 anos de idade em relação a transgressões morais hipotéticas e prototípicas. A compreensão das crianças sobre transgressões morais como sendo erradas, independentes da autoridade, aumentou ao longo do tempo, e meninas expandiram mais rápido do que meninos em sua compreensão sobre regras morais como não alteráveis. Houve pouca mudança normativa em seus julgamentos de generalização, inalterabilidade e independência da autoridade, pois esses julgamentos estavam em níveis quase máximos quando o estudo começou, mas houve diferenças individuais devido ao temperamento (controle de esforço e surgência / extroversão) no seu julgamento moral inicial e em como rapidamente sua compreensão moral cresceu.

Moralidade diferenciada de outras concepções sociais

Distinções nas concepções morais e sociais

Numerosos estudos examinaram avaliações de eventos morais diretos e prototípicos (por exemplo, bater, provocar ou pegar brinquedos de outra criança), e de eventos convencionais (por exemplo, não sentar em um círculo durante o tempo da história, usar pijama na creche, não colocar brinquedos em local apropriado, ou não dizer "por favor"). Esses estudos forneceram provas sólidas de que, aos 3 anos de idade e de forma mais consistente aos 4 anos de idade, crianças distinguem moralidade de convenção social, usando diferentes critérios teóricos (Killen & Smetana, 1999; Nucci, Weber & Siegal, 1988; Siegal & Storey, 1985; Smetana, 1981a, 1985; Smetana *et al.*, 1984, Smetana, Rote *et al.*, 2012; Smetana, Schlagman & Adams, 1993).

Poucos estudos examinaram diferenças de idade nas avaliações de crianças pré-escolares, mas no estudo longitudinal que acabamos de discutir (Smetana, Rote *et al.*, 2012), as crianças com idade de 2,5 a 3,5 e de 3,5 a 4,25 anos, quando o estudo começou, fizeram distinções nos julgamentos morais e convencionais em cada um dos critérios, embora apenas as crianças de 3,5 a 4 anos de idade tenham feito distinção ao avaliar a punição merecida. Entretanto, um estudo transversal de crianças brancas de classe média, com a idade entre 2 anos e 2 meses e 3,5 anos, mostrou evidências claras de diferenças relacionadas à idade em julgamentos de transgressões morais e convencionais feitas por crianças em idade pré-escolar (Smetana & Braeges, 1990). Os menores não distinguiram transgressões morais e convencionais em nenhuma das dimensões estudadas. A generalização foi o critério de desenvolvimento mais antigo para distinguir regras sociais; por volta dos 3 anos de idade, as crianças julgaram transgressões morais como mais generalizadamente erradas do que transgressões convencionais, mas elas não fizeram distinções em qualquer das outras dimensões examinadas. Em contraste, as de 3,5 anos julgaram eventos morais como sendo mais independentes das regras e da autoridade, mais generalizadamente errados e mais graves do que transgressões convencionais (interessantemente, Smetana [1981a] observou que crianças mais jovens eram mais relativistas sobre todas as transgressões do que crianças pré-escolares mais velhas). Crianças com melhores habilidades linguísticas diferenciaram violações morais de violações de regras convencionais em idade mais precoce do que crianças cujo desenvolvimento de linguagem era menos avançado (aos 2 anos de idade, para o critério da generabilidade, versus quase 3 anos de idade para a mostra como um todo; e com quase 3 anos de idade, para o critério de contingência da autoridade, versus 3,5 anos de idade para a amostra como um todo). Assim, distinções nos julgamentos das crianças pareceram se tornar mais firmes durante o terceiro e quarto anos de vida, porém os resultados para o desenvolvimento da linguagem, bem como os estudos observacionais naturalistas de Dunn (2006), sugerem que crianças podem "saber mais do que conseguem dizer", pelo menos como avaliado nas entrevistas verbais.

Aos 3 anos de idade, as crianças também distinguem questões morais e convencionais em seus julgamentos das questões pessoais, tanto em contextos domésticos como pré-escolares (Killin & Smetana, 1999; Weber, 1999; Yau & Smetana, 2003). As crianças classificam, normalmente, questões pessoais como sendo decisões do indivíduo (e não como atos que são certos ou errados), baseando-se em justificativas de que as consequências afetam apenas o ator, ou de que os atos são assuntos pessoais e que devem ser da conta do próprio ator (Killen & Smetana, 1999; Nucci, 1981; Nucci & Weber, 1995). Além disso, aumentos relacionados à idade em julgamentos pessoais e justificativas pessoais foram observados durante os anos pré-escolares (Ardila-Rey & Killen, 2001; Killen & Smetana, 1999; Yau & Smetana, 2003). No entanto, Wainryb, Shaw, Langley, Cottam e Lewis (2004) descobriram que apenas cerca de um terço das crianças de 5 anos de idade (mas a maioria das crianças mais velhas) julgou que é permissível ter múltiplas perspectivas quando se trata de desentendimentos relativos ao gosto pessoal. Ou seja, apenas uma minoria de crianças em idade pré-escolar (mas a maioria das crianças mais velhas) acreditava que duas crenças conflitantes sobre os gostos pessoais (por exemplo, que sorvete de chocolate é gostoso ou não) poderiam ser corretas, enquanto, em todas as idades, as crianças rejeitaram a noção de que havia mais de uma crença correta sobre questões morais e factuais.

Além disso, crianças pré-escolares distinguiram situações morais envolvendo danos (morais) aos outros (como quando uma criança empurra outra para fora de um balanço) de situações de danos prudenciais para o eu (como quando uma criança salta, deliberadamente, de um balanço), mesmo quando as violações são descritas como tendo consequências semelhantes (por exemplo, uma criança se machucar;

Tisak, 1993). Além disso, as crianças julgaram que transgressões morais eram mais erradas do que transgressões prudenciais, até mesmo quando as consequências eram descritas como mais severas para violações da prudência do que para violações de regras morais, ou quando as consequências das violações morais eram descritas como leves. Assim, os julgamentos das crianças refletem uma preocupação maior com o tipo de dano do que com sua gravidade.

As crianças pré-escolares também distinguem entre transgressões morais e convencionais que ocorrem naturalmente. Um estudo que comparou os julgamentos das crianças sobre eventos hipotéticos e prototípicos relativos às avaliações de transgressões reais, testemunhadas em salas de aula de crianças pré-escolares (Smetana *et al.*, 1993), encontrou pouca diferença consistente entre esses julgamentos. Outro estudo examinou julgamentos de crianças em idade pré-escolar sobre transgressões morais prototípicas e hipotéticas, bem como transgressões ocorridas naturalmente, nas quais participaram como vítimas e como agressores (Smetana, Toth, Cicchetti, Bruce, Kane & Daddis, 1999). Transgressões hipotéticas foram vistas como mais merecedoras de castigo do que transgressões reais, entretanto, não havia diferenças na classificação sobre suas gravidades. As crianças pequenas também se concentraram mais nas características intrínsecas dos atos quando justificavam transgressões hipotéticas do que quando justificavam transgressões reais, ao passo que mais frequentemente indicavam não saber por que violações reais – e não hipotéticas – eram erradas. Dessa forma, crianças pequenas julgaram transgressões morais reais utilizando critérios morais, porém eventos hipotéticos pareciam provocar avaliações morais mais definidas.

Vários estudos sugerem que os julgamentos das crianças pré-escolares diferem de acordo com sua perspectiva sobre o evento e sua relação com o transgressor. Embora a maioria das crianças considerasse transgressões morais hipotéticas como erradas, crianças pré-escolares também consideravam transgressões morais mais admissíveis quando envolviam um amigo do que um não-amigo (Slomkowski e Killen, 1992). Assim, quando os eventos envolvem amigos, as crianças podem estar mais dispostas a considerar circunstâncias situacionais que possam aliviar o erro dos atos. Não é de se surpreender que transgressões morais e convencionais hipotéticas, descritas como cometidas por si mesmo, sejam vistas como mais permissíveis do que as mesmas transgressões descritas como cometidas por outros (Slomkowski & Killen, 1992). Além disso, no estudo de Smetana, Toth e seus colegas (1999), os julgamentos das crianças também diferem em função de serem vítimas ou agressores das transgressões. Em situações da vida real, as vítimas pré-escolares julgaram transgressões morais reais como sendo mais sérias e mais merecedoras de castigo do que os (reais) infratores, enquanto os transgressores viram seu comportamento como sendo mais justificado do que as vítimas o fizeram (Smetana, Toth *et al.*, 1999). Finalmente, em seu detalhado estudo narrativo, Wainryb e seus colegas (2005) descobriram que as descrições das crianças sobre experiências de serem vítimas e violadores diferiam. Vítimas tenderam a concentrar-se no dano infligido a elas, enquanto as mesmas crianças, narrando experiências como agressores, concentraram-se em uma gama mais ampla de preocupações e emoções. Diferenças de perspectiva foram estáveis entre as idades, embora todas as narrativas se tornassem mais coerentes conforme a idade.

Diferenças entre concepções morais e convencionais (e, em alguns estudos, concepções pessoais) têm sido verificadas entre crianças pré-escolares de outras culturas, incluindo Colômbia (Ardila-Rey & Killen, 2001) e Hong Kong (Yau, Smetana & Metzger, 2009).

Concepção moral e teoria da mente

Os estudos se baseiam na crescente pesquisa sobre Teoria da Mente e sobre a compreensão das crianças sobre crenças falsas para esclarecer as limitações do raciocínio moral das crianças jovens. Pesquisas indicam que, antes dos 4 ou 5 anos de idade, crianças não compreendem que os outros podem ter crenças diferentes das suas próprias, ou diferentes representações sobre a mesma realidade, embora tenham alguma consciência de que as vidas mentais dos indivíduos e as reações emocionais ao mesmo evento podem diferir das suas (ver Astington & Hughes, 2013). Com cerca de 4 ou 5 anos de idade, a compreensão das crianças muda para uma consciência de que os indivíduos podem ter crenças diferentes sobre o mesmo evento. Em coerência com isso, Wainryb e seus colegas (2005) descobriram que narrativas de crianças pré-escolares sobre situações de conflito frequentemente se referiam aos seus próprios desejos e anseios, mas raramente se referiam a estados mentais, intenções e emoções próprias ou de outros. Assim, em comparação com crianças mais velhas, elementos psicológicos estavam ausentes em suas narrativas.

A pesquisa revisada nesta seção indica que crianças pequenas distinguem transgressões morais e convencionais; além disso, aplicam bem os critérios morais a eventos morais antes de se presumir que elas tenham uma compreensão de crenças diversas ou falsas. Mudanças no entendimento das crenças falsas por parte das crianças pequenas podem ter pouca influência nos julgamentos morais em relação às hipotéticas transgressões morais prototípicas, como avaliado na entrevista padrão, pois informações sobre crenças diversas ou falsas, normalmente, não são relevantes ou manipuladas, e o comportamento dos atores é descrito como envolvendo dano intencional. No entanto, um estudo recente sugeriu que há associações recíprocas e bidirecionais entre o desenvolvimento da compreensão da teoria da mente e das concepções morais (Smetana, Jambon, Conry-Murray & Sturge-Apple, 2012). Uma compreensão mais avançada da mente dos outros, conforme avaliado pelo uso de tarefas padrão sobre a função da Teoria da Mente, levou a classificações de transgressões morais prototípicas como menos merecedoras de punição e menos independentes da autoridade, ao longo de um ano. Ao mesmo tempo, julgamentos morais de permissibilidade e independência de autoridade também levaram a uma compreensão mais avançada sobre a Teoria da Mente ao longo do tempo. Interações sociais facilitam tanto o desenvolvimento das mentes quanto o desenvolvimento de avaliações morais mais flexíveis e matizadas.

Embora ter uma compreensão madura sobre as mentes dos outros não seja necessário para fazer julgamentos morais rudimentares, a compreensão de crenças falsas leva a um entendimento de que os indivíduos podem ter crenças morais diversas. Flavell, Mumme, Green e Flavell (1992) descobriram que crianças de 3 anos de idade que falharam nas tarefas padrão da Teoria da Mente sobre falsas crenças (tarefas que se concentram em crenças factuais) também não conseguiram entender que os outros poderiam ter crenças morais divergentes. Aos 5 anos de idade, as crianças compreendiam que os outros podiam ter diferentes crenças factuais e morais. Wainryb e Ford (1998) notam que a atribuição exata das crenças morais falsas, por si só, não prevê como os indivíduos julgam a permissibilidade das práticas sociais dos outros. Portanto, esses pesquisadores examinaram avaliações de práticas sociais divergentes por parte de crianças pequenas. Como Flavell e seus colegas (1992), Wainryb e Ford (1998) descobriram que crianças de 3 anos que não entendiam a natureza representacional das crenças não entendiam que as outras pessoas tinham crenças diferentes das suas e, portanto, eram intolerantes com práticas sociais diferentes. Como Wainryb e Brehl (2006) notaram, seus julgamentos morais baseiam-se numa "cópia" da Teoria da Mente que toma o mundo como tal e vê suas próprias crenças como verdadeiras e certas. Wainryb e Ford (1998) descobriram ainda que, aos 5 anos de idade, as crianças avaliaram práticas potencialmente imorais (prejudiciais ou injustas) mais positivamente quando discordaram das crenças informacionais do que ao discordar das crenças morais. Crianças mais novas foram mais tolerantes quando utilizaram crenças informacionais diferentes das suas para recompor o significado dos atos. Mesmo quando as crianças estavam cientes de que os personagens estavam se comportando com base em crenças morais diferentes, a maioria das de 5 (e 7) anos de idade avaliou comportamentos baseados em crenças morais não normativas como sendo errados e baseados na ignorância ou em informações erradas ou falsas (Wainryb & Ford, 1998). Quando as crianças desenvolvem uma teoria interpretativa da mente no meio da infância e tomam consciência de que informações e experiências são ativamente interpretadas e subjetivamente organizadas (Carpendale & Chandler, 1996), elas se tornam mais capazes de reconhecer que os indivíduos podem agir com base em crenças diferentes.

A influência sobre a compreensão da falsa crença também foi examinada em termos de entendimento sobre posicionamentos moralmente relevantes e deturpados por parte das crianças (por exemplo, um "transgressor acidental" que erroneamente joga fora algo que pertence a outro personagem, com base em uma crença equivocada; Killen, Mulvey, Richardson, Jampol & Woodward, 2011).

Crianças que não entendiam crenças falsas, como avaliadas em tarefas padrão, também foram incapazes de passar corretamente na tarefa sobre posicionamentos moralmente deturpados e relevantes, além de não compreenderem que as ações do transgressor acidental não eram intencionais. Aos 5 anos de idade, as crianças tinham uma avaliação mais positiva das intenções do transgressor acidental, mas ainda julgavam o ato como inaceitável. Aos 7 anos de idade, as crianças ofereciam mais julgamentos indulgentes sobre o ato prejudicial.

Associações entre julgamentos morais e Teoria da Mente foram examinadas em termos dos julgamentos morais de crianças autistas, que têm dificuldade com as tarefas de Teoria da Mente. Essas crianças de idades variadas que passaram ou falharam em uma tarefa padrão sobre crenças falsas foram comparadas a crianças de desenvolvimento típico e a crianças com dificuldades de aprendizagem moderada (Blair, 1996). Ao contrário das expectativas, todas as crianças distinguiram entre questões morais e convencionais nos seus julgamentos, e o desempenho das crianças nas tarefas de falsa crença não estava associado à sua capacidade de fazer distinções morais e convencionais. Isso pode ter ocorrido porque Blair (1996) não avaliou falsas crenças sobre questões morais.

Coordenações e Sobreposições nas Concepções Morais e Sociais das Crianças

Embora a coordenação das crianças sobre concepções morais e sociais tenha sido extensivamente estudada, pouca pesquisa se concentrou em crianças pré-escolares. Uma exceção a isso são dois estudos que investigaram se crianças pré-escolares dão prioridade à equidade ou às expectativas estereotipadas (convencionais) de gênero quando tomam decisões sobre inclusão, em situações de jogo, estereotípicas de gênero (Killen, Pisacane, Lee-Kim & Ardila-Rey, 2001; Leimer, Killen & Stangor, 2001). Killen e seus colegas (2001) descobriram que quase todas as crianças de 4,5 e 5,5 anos de idade, em sua amostra, principalmente branca, de classe média, julgaram errada a exclusão direta, com base em justificativas morais. No entanto, crianças de 4,5 anos, com mais frequência, optaram por incluir a criança com estereótipos de gênero, utilizando justificativas mais sócio-convencionais do que as de 5,5 anos de idade. Além disso, mudanças nos julgamentos de inclusão de crianças pequenas também foram examinadas usando sondagem focada em considerações concorrentes (por exemplo, crianças que deram justificativas convencionais foram sondadas sobre aspectos morais das situações, e vice-versa). As crianças mudaram mais as suas decisões sobre quem incluir quando, inicialmente, concentraram-se nos aspectos convencionais de inclusão e depois foram sondadas nas questões morais pautadas na justiça, do que quando se concentraram inicialmente nos aspectos morais das situações e depois foram sondadas pelas expectativas convencionais estereotipadas por gênero. As crianças pequenas nem sempre foram aptas a considerar, simultaneamente, demandas concorrentes de uma situação, mas foram capazes de pensar em várias considerações (e dar prioridade à moralidade) quando diferentes perspectivas foram introduzidas. Assim, as crianças não mudaram simplesmente seus julgamentos em resposta aos argumentos de confrontação; os resultados dependiam se um ponto de vista moral havia sido sugerido.

As experiências sociais das crianças com base na diferenciação dos julgamentos morais e sociais

Estudos naturalistas sobre interações sociais das crianças pré-escolares

Vários estudos observacionais examinaram respostas de adultos e de crianças pré-escolares às transgressões morais e convencionais que ocorrem naturalmente em creches e em escolas infantis (Much & Shweder, 1978; Nucci & Turiel, 1978; Smetana, 1984). Os resultados desses estudos são muito semelhantes às observações domiciliares de Smetana (1989) sobre as mães e crianças. Tanto adultos (professores) quanto crianças (principalmente as vítimas) responderam às transgressões morais de maneira a fornecer um *feedback* sobre os efeitos dos atos para os direitos ou o bem-estar dos outros. Essas respostas são consistentes com a noção de que a compreensão moral das crianças pode ser derivada dos próprios atos e não das regras que regulam os atos.

No estudo observacional de Dunn em casas, as respostas "orientadas ao outro", das crianças, surgiram entre 33 e 47 meses de idade, sendo mais frequentes durante discussões com colegas do que com mães ou irmãos (Dunn, Slomkowski, Donelan & Herrera, 1995). Embora solicitações e proibições dos pais em relação às questões morais aumentem entre o segundo e o terceiro ano de vida (Gralinski & Kopp, 1993), a intervenção de adultos diminuiu desde o início até a metade da infância e diferiu acentuadamente de acordo com o cenário. As pesquisas observacionais demonstraram que crianças de 4 anos mostraram maior compreensão dos estados mentais dos outros em conversas ocorridas naturalmente com irmãos e amigos do que com mães; além disso, crianças que usaram mais termos mentais empenharam-se em interações mais cooperativas (Brown, Donelan-McCall & Dunn, 1996). Assim, interações sociais entre iguais e entre "quase iguais" proporcionam contextos para adquirir uma compreensão psicológica dos outros, o que pode facilitar o desenvolvimento do julgamento moral.

Algumas pesquisas mostraram que, como os adultos têm interesse em manter as regularidades convencionais, respondem às transgressões convencionais das crianças; porém, crianças em idade pré-escolar raramente o fazem (Nucci & Turiel, 1978; Smetana, 1989). No entanto, um estudo (Killen, 1989) sugeriu que mesmo crianças pequenas respondem às transgressões convencionais quando as convenções são geradas pelas crianças. Outros estudos, utilizando os métodos observacionais descritos anteriormente, indicam que crianças pré-escolares respondem às violações de convenções culturais de outras crianças, mas não aos regulamentos escolares (Much & Shweder, 1978; Nucci, Turiel & Gawrych, 1983). As respostas dos adultos às transgressões convencionais geralmente se concentram em comandos para cessar os comportamentos e em declarações centradas na organização social, como a desordem criada pelo ato, as regras e as sanções. Além disso, a pesquisa mostrou que, embora o desenvolvimento moral das crianças possa ser motivo de grande preocupação para os adultos, muitos conflitos morais ocorrem – e são resolvidos – na ausência de pais ou de outros adultos (Killen & Nucci, 1995).

Finalmente, estudos observacionais em casa (Nucci & Weber, 1995) e na pré-escola (Killen & Smetana, 1999) mostraram que as interações das crianças em relação às questões pessoais diferem das interações morais, convencionais ou prudenciais. Respostas parentais às transgressões morais (e convencionais) são diretas, explícitas e tipicamente não envolvem negociação, enquanto respostas às questões pessoais envolvem formas mais tácitas de comunicação, incluindo maior negociação e mais oportunidades para as crianças fazerem escolhas (Killen & Smetana, 1999; Nucci & Weber, 1995). Assim, os adultos responderam diferencialmente aos eventos no domínio pessoal e reconheceram a necessidade de conceder à criança uma arena de discrição pessoal. Entretanto, as crianças não se contentaram em assimilar mensagens sociais tácitas dos adultos sobre o que é o pessoal: negociaram ativamente e desafiaram suas mães para ganharem mais controle e também defenderem suas perspectivas sobre essas questões. Em contraste, raramente desafiam as mães sobre questões morais ou prudenciais (Nucci & Weber, 1995).

Os estudos observacionais também indicaram que as interações sociais das crianças pré-escolares nos contextos de eventos morais e prudenciais diferem (Tisak, Nucci & Jankowski, 1996). As respostas dos adultos às violações de regras prudenciais geralmente se concentraram em declarações sobre riscos das ações da criança, justificativas relativas à segurança ou prudência e, menos frequentemente, sobre comandos para parar e sobre declarações de regras (Nucci & Weber, 1995; Tisak *et al.*, 1996). Assim, as respostas dos adultos concentram-se sobre as consequências das ações das crianças pequenas para a sua saúde ou para a sua segurança.

Estudos experimentais

Smetana (1985) examinou avaliações de eventos não especificados, por crianças em idade pré-escolar, que foram representados por palavras sem sentido e variaram na consistência das proibições e nos tipos de respostas às ações. Crianças pré-escolares diferenciaram entre transgressões morais e convencionais conhecidas, mas também diferenciaram eventos não especificados com base em suas características. As crianças deram julgamentos morais, em resposta aos atos descritos, como generalizadamente errados e como tendo consequências ao bem-estar dos outros (atos "morais"), enquanto aplicaram critérios convencionais (por exemplo, os atos eram vistos como mais permissíveis, menos graves e menos errados em outros lugares) aos atos que foram descritos como contextualmente relativos e proibidos por adultos, mas não causando danos ou violações de direitos (atos "convencionais"). Assim, as crianças avaliaram as características das interações independentemente de seu conhecimento no conteúdo de eventos específicos.

Os efeitos da variedade de experiência social

Siegal e Storey (1985) notaram que ficar mais tempo na creche não afeta as avaliações de transgressões morais familiares feitas por crianças em idade pré-escolar. No entanto, os novos alunos matriculados (frequentando a mesma creche apenas nos 3 meses anteriores) julgaram que transgressões convencionais referentes às convenções da creche eram mais atrevidas, mais merecedoras de punição e mais erradas em contingência à autoridade dos professores do que os veteranos da creche julgaram (estando na creche por pelo menos 18 meses e, em média, 2,5 anos). Assim, a experiência das crianças com regras sociais específicas influenciou a avaliação das convenções sociais da creche, mas sua compreensão das regras morais transcendeu o contexto específico.

Sanderson e Siegal (1988) levantaram a hipótese de que concepções de regras morais e convencionais seriam mais desenvolvidas entre os mais socialmente habilidosos de 4 a 5 anos de idade. Eles testaram esta hipótese em uma amostra de crianças controversas, populares, regulares, negligenciadas e rejeitadas, avaliando-as por meio de nomeações de grupos de pares. Certo apoio a tais hipóteses foi obtido, considerando que crianças controversas (que são mais habilidosas socialmente) classificaram transgressões morais como sendo mais merecedoras de castigo do que fizeram seus colegas menos populares; ao contrário das expectativas, porém, as crianças populares não fizeram julgamentos mais maduros do que outras crianças.

Por fim, Smetana e seus colegas formularam a hipótese de que experiências de maus-tratos podem se refletir nos julgamentos morais das crianças pequenas (Smetana *et al.*, 1984; Smetana, Toth *et al.*, 1999). Smetana e seus colegas (1984) descobriram que as crianças pré-escolares maltratadas, as negligenciadas e aquelas não maltratadas, em processo de adoção, todas elas diferenciaram entre transgressões morais e sócio-convencionais hipotéticas, tendo avaliado os eventos morais de acordo com critérios morais hipotéticos. Em comparação com crianças não maltratadas, no entanto, as abusadas e negligenciadas foram mais sensíveis à injustiça intrínseca de eventos morais mais intimamente ligados às suas experiências de maus-tratos. Contudo, esses resultados não foram replicados num estudo posterior (Smetana, Toth *et al.*, 1999). Em geral, os julgamentos morais não diferiram em função do estado de maus-tratos (Smetana, Toth *et al.*, 1999).

As consequências afetivas das transgressões

Diversos estudos examinaram a compreensão das consequências afetivas de eventos e transgressões em pré-escolares. Arsenio (1988) examinou o conhecimento das crianças (em idade escolar) sobre prováveis consequências emocionais de diferentes tipos de transgressões. Ele descobriu que eventos morais eram avaliados como afetivamente negativos, enquanto transgressões convencionais eram vistas como neutras do ponto de vista afetivo. Além disso, todas as crianças usaram informações sobre consequências afetivas situacionais (por exemplo, se os atores ou vítimas estavam felizes, tristes, zangados, temerosos ou neutros) para inferir se os eventos iniciadores eram convencionais, morais ou pessoais, embora crianças em idade escolar tenham sido significativamente melhores nesta tarefa do que crianças pequenas. Esses resultados fornecem apoio à afirmação de Arsenio e Lover (1995) de que diferentes emoções se associam a eventos em diferentes domínios e que as crianças usam essas informações para antecipar os resultados prováveis de comportamentos diferentes (Etapas 2 e 3 em seu modelo de quatro etapas). Os resultados também indicam alguma reversibilidade em seu pensamento; crianças pequenas poderiam inferir os tipos de eventos em relação a informações afetivas vinculadas, bem como usar informações sobre a natureza do ato para prever o afeto associado.

A partir dos anos pré-escolares, crianças atribuem, consistentemente, emoções negativas a vítimas de transgressões (Arsenio, 1988). No entanto, um resultado intrigante, conhecido como efeito "agressor feliz", mostra que, até cerca de 7 anos de idade, as crianças atribuem emoções positivas (como felicidade) aos transgressores (Arsenio & Kramer, 1992; Keller, Lourenço, Malti & Saalbach, 2003; Krettanauer, Malti & Sokol, 2008; Nunner-Winkler & Sodian, 1988). Apesar de várias manobras destinadas a destacar a importância moral dos eventos, o efeito do agressor feliz tem sido consistentemente obtido em julgamentos de crianças pré-escolares em situações hipotéticas. Além disso, no estudo de Smetana, Toth e colegas (1999), as crianças pré-escolares maltratadas, da mesma forma que as não maltratadas, revelaram-se agressores felizes em situações hipotéticas e reais. Arsenio e seus colegas concluíram que crianças são mais "moralmente obtusas" do que "moralmente resistentes" (ver Arsenio *et al.*, 2006, para uma extensa discussão e interpretação do efeito do agressor feliz). Como demonstrado pela sua capacidade de distinguir concepções morais de outras concepções sociais, crianças pequenas não aplicam regularmente e consistentemente a sua compreensão moral e a sua preocupação com a vítima em situações em que essas preocupações estão em conflito com seus próprios adversários concorrentes. Wainryb e colaboradores (2005) descobriram que as narrativas dos pré-escolares eram em grande parte desprovidas de conteúdo psicológico, exceto para mencionar as preferências e desejos das crianças.

As emoções infantis durante situações de conflito entre pares também foram observadas (Arsenio, Cooperman & Lover, 2000; Arsenio & Killen, 1996; Arsenio & Lover, 1997) e fornecem suporte observacional para a validade do efeito do agressor feliz. Resultados demonstram que iniciadores de conflitos mostraram proporcionalmente mais felicidade do que outras emoções, enquanto os destinatários mostraram mais emoções negativas, como raiva, tristeza e surpresa. Além disso, em um estudo longitudinal de um ano, Arsenio e seus colaboradores (2000) descobriram que crianças com mais propensão a emoções negativas e a níveis mais baixos de conhecimento emocional apresentaram maior comportamento agressivo e menor aceitação dos pares ao longo do tempo.

Resumo

Os estudos revisados nesta seção destacam as surpreendentes competências – mas também as limitações – da compreensão moral e social das crianças mais novas. Pesquisas indicam que crianças pequenas têm extensas e diferenciadas interações sociais com colegas, irmãos, pais e outros adultos, e estas parecem estar associadas ao conhecimento moral precoce. Crianças pequenas demonstram uma compreensão rudimentar das concepções morais, convencionais e pessoais, avaliadas em entrevistas e com base em critérios teóricos. Além disso, vários estudos manipulando características das transgressões morais e convencionais indicam que avaliações morais são baseadas em consequências dos atos para o bem-estar dos outros, enquanto julgamentos convencionais são baseados em autoridade, regras e sanções. Entre crianças americanas jovens, assim como crianças em outras culturas, a compreensão social aumenta durante os anos pré-escolares.

Além disso, algumas evidências sugerem que, embora crianças ainda não possam coordenar sua compreensão das concepções morais e não morais, elas reconhecem diferentes componentes das situações multifacetadas. Elas também são mais propensas a fazer julgamentos morais quando os componentes morais das situações são salientes, do que fazer julgamentos convencionais quando os componentes convencionais de situações são enfatizados. As concepções morais das crianças são aplicadas mais claramente a questões de danos físicos do que de justiça, e a compreensão das crianças pequenas parece limitada a situações concretas que descrevem o mundo como tal. Pesquisas indicam que a maioria das crianças em idade pré-escolar tem dificuldade em reconhecer que os indivíduos podem ter interpretações diferentes de eventos ou crenças distintas e, embora tenham consciência de que vítimas de transgressões morais se sentirão tristes ou zangadas, têm dificuldade em coordenar reivindicações e desejos concorrentes. Assim, em situações hipotéticas e reais, elas esperam que os agressores morais se sintam felizes, e é difícil desalojar essa perspectiva. Elas veem seu próprio comportamento (ou o do transgressor) como menos moralmente responsável do que quando os eventos são considerados sob a perspectiva das vítimas.

O DESENVOLVIMENTO MORAL DURANTE A METADE DA INFÂNCIA

O desenvolvimento das concepções morais

Durante metade da infância, as concepções morais são estendidas para além do foco de exemplos familiares, de dano concreto e de bem-estar dos outros, que são características das crianças mais novas. Assim, o desenvolvimento passa de uma dependência de experiências pessoais específicas à capacidade de aplicar critérios a eventos sociais mais abstratos e desconhecidos (Davidson, Turiel & Black, 1983). Isso está de acordo com Wainryb e seus colegas (2005), ao descobrirem que as retrospectivas das descrições narrativas de transgressões morais de crianças do ensino fundamental se concentravam muito menos no comportamento físico nocivo e muito mais em uma gama ampla de conflitos morais (como exclusão, comportamento ofensivo ou injustiça). As narrativas também se tornaram mais coerentes e complexas conforme a idade.

Durante a metade da infância, o entendimento moral se expande para incluir uma compreensão da justiça, definida em termos de igualdade e de igualdade de tratamento entre pessoas (Damon, 1977; Davidson *et al.*, 1983; Kahn, 1992; Nucci, 2001; Tisak & Turiel, 1988). No entanto, a justiça ainda é definida em termos de reciprocidade direta, "olho por olho", não se transformando para incluir noções de equidade até a pré-adolescência (Damon, 1977; Nucci & Turiel, 2009).

Para melhor compreender as pistas que as crianças usam para avaliar transgressões, Shaw e Wainryb (2006) examinaram se as respostas não prototípicas às transgressões (conformidade ou subversão, em vez de oposição ou resistência, em respostas às demandas hipotéticas de um transgressor) estão associadas às avaliações das transgressões morais feitas por crianças. Crianças mais novas (5 anos de idade) julgaram complacência positivamente e resistência negativamente, mas, ao contrário das expectativas, as crianças (e também os adolescentes) avaliaram o comportamento do transgressor como moralmente errado, independentemente das respostas das vítimas. Crianças construíram uma compreensão da vitimização e da injustiça sem sugestões comportamentais explícitas (como protestos ou gritos das vítimas), sugerindo que os participantes trouxeram informações e julgamentos de sua própria experiência para arcar com suas avaliações dos eventos. Mesmo quando as vítimas hipotéticas cumprem ou subvertem as exigências do transgressor, a maioria dos participantes do estudo as avaliou como tendo respostas emocionais negativas à sua vitimização. Assim, além de suas avaliações morais dos transgressores, crianças em idade escolar tinham uma compreensão sofisticada de que o comportamento da vítima pode não refletir com precisão seus estados psicológicos ou sentimentos internos.

No entanto, durante a metade da infância, as avaliações morais das crianças sobre transgressões hipotéticas diferem quando noções de provocação são consideradas. Smetana, Campion-Barr e Yell (2003) examinaram, em crianças de primeiro ano (algumas da pré-escola) e de quarto ano, avaliações de situações morais hipotéticas (descritas de forma direta sem qualquer informação sobre as intenções dos atores) e situações morais implicando provocação e retaliação pelos pares. As crianças raciocinaram mais sobre preocupações (morais) com o bem-estar dos outros, e julgaram que a transgressão moral hipotética era mais merecedora de punição quando avaliaram transgressões prototípicas do que quando avaliaram as provocadas, e quando a retaliação envolvia bater em vez de provocar. Crianças mais novas de idade escolar – exceto as de quarto ano – classificaram transgressões morais prototípicas como sendo mais graves do que transgressões provocadas, sugerindo que as crianças pequenas consideravam retaliação como moralmente justificada. No entanto, a condenação moral das crianças em relação a retaliações aumentou com a idade. Esses resultados são consistentes com pesquisas indicando que a compreensão subjetiva da mente e da realidade das crianças aumenta durante a metade da infância. As crianças também julgaram respostas de retaliação do tipo "bater em resposta às provocações" como sendo mais sérias e mais merecedoras de punição do que respostas de retaliação do tipo "provocar em resposta a ser provocado ou ter apanhado". Assim, a retaliação "na mesma moeda" era mais aceitável do que a retaliação em magnitude superior à ofensa original. Astor (1994) verificou que o raciocínio moral sobre provocações era diferente nas crianças agressivas e nas não agressivas. Apesar de todas as crianças terem usado o raciocínio moral em situações hipotéticas provocadas, crianças agressivas se concentraram mais na imoralidade da provocação, considerando "bater de volta" como algo moralmente justificado, enquanto crianças não violentas usaram o raciocínio moral para condenar a retaliação.

Descrições narrativas de conflitos morais feitas por crianças em idade escolar (Wainryb *et al.*, 2005) indicaram que, ao narrar experiências passadas como vítimas e não como agressores, as crianças (em particular aquelas em idade escolar primária) foram mais propensas a descrever o dano como intencional e o ator como querendo prejudicá-las ou irritá-las. Em contraste, agressores tipicamente descreveram seu comportamento como uma resposta à provocação. Contudo, com a idade, as crianças se referiram mais frequentemente às circunstâncias atenuantes, mal-entendidos e negligência. Dado que a maioria desses estudos (Dunn, Cutting & Demetriou, 2000; Smetana *et al.*, 1999; Wainryb *et al.*, 2005) utilizou desenho metodológico no qual o participante é levado a julgar determinada situação, levando em conta diferentes papéis como ator da situação, diferenças entre respostas das vítimas e dos agressores não foram devidas às diferenças individuais em crianças, mas sim refletiram diferenças consistentes de compreensão em função do seu papel na situação.

A moralidade como distinta de outras concepções sociais, lógicas e físicas

A pesquisa revisada em seções precedentes mostrou que crianças pré-escolares diferenciam, consistentemente, moralidade de convenção social ao avaliar transgressões habituais, prototípicas, hipotéticas, assim como transgressões observadas naturalmente. Durante a metade da infância, no entanto, começam a aplicar o seu entendimento a uma gama mais ampla de eventos, incluindo questões menos concretas ou habituais. Além disso, a compreensão das crianças sobre diferentes tipos de regularidades expande-se para incluir distinções entre concepções morais, uniformidades intelectuais e sócio-convencionais, regularidades físicas e regras lógicas. Os pré-escolares tratam leis morais como mais inalteráveis do que convenções, mas, durante a metade da infância, são cada vez mais capazes de distinguir regularidades convencionais e físicas (como a gravidade, por exemplo, a de Lockhart, Abrahams & Osherson, 1977). Komatsu e Galotti (1986) também controlaram se os eventos eram retratados como pertencentes a este mundo ou a um mundo presumivelmente diferente (o "mundo dos ETs"). Na terceira série, a maioria das crianças entendia que convenções são alteráveis em ambos os mundos, enquanto fatos físicos eram vistos como inalteráveis neste mundo, porém cada vez mais alteráveis em outro, diferente. Assim, a compreensão de diferentes tipos de regularidades sociais, bem como de regularidades não sociais, aumenta durante a metade da infância.

As distinções também se expandem durante esses anos para incluir convenções intelectuais (tal como desenhar certas letras) e questões intelectuais pessoais (como preferências por certos livros), bem como problemas lógicos (Laupa, 2000). As crianças julgam que convenções intelectuais são mais modificáveis do que leis físicas e lógicas, e consideram crianças como tendo autonomia sobre questões pessoais, enquanto professores são vistos como tendo a autoridade legítima para estabelecer padrões sobre outros tipos de questões (lógica e convenções).

Em um estudo clássico, Tisak e Turiel (1988) desvincularam a maior gravidade da maioria das transgressões morais em relação às convencionais, a partir dos critérios qualitativos propostos para diferenciar os domínios. Os alunos de primeira, segunda e quinta séries (com idades entre 6,5 e 12,5 anos) compararam uma transgressão moral que teve consequências menores (roubar uma borracha) com uma transgressão moral que teve consequências importantes (bater em alguém) e com uma grande transgressão convencional (ir para a escola de pijama). A maioria das crianças indicou que uma pessoa seria mais propensa a cometer a menor violação moral do que o maior ato convencional. Entretanto, quando foi perguntada o que se deve fazer, a maioria das crianças indicou que escolheria a transgressão convencional principal sobre qualquer transgressão moral, considerando o evento convencional como menos errado do que as transgressões morais, pois eventos morais teriam consequências negativas para o bem-estar dos outros. Esses resultados apoiam a afirmação de que diferenças entre moralidade e convenção social se baseiam em diferenças fundamentais entre os atos, e não apenas com base em diferenças quantitativas de sua gravidade.

Turiel (2008) também forneceu um exame detalhado dos julgamentos de crianças em idade escolar nas situações hipotéticas e reais, obtido em observações naturalistas extensas em vários contextos em diferentes escolas. Crianças de diferentes idades foram entrevistadas sobre eventos reais morais, convencionais e de domínio misto, logo após terem ocorrido; foram aplicadas, também, entrevistas padrão sobre eventos hipotéticos morais e convencionais, cerca de um mês após as observações. Crianças de todas as idades distinguiram entre moral real e eventos convencionais, mas julgamentos sobre eventos hipotéticos foram mais claros e uniformes do que julgamentos sobre eventos reais (Turiel, 2008). Como Wainryb e seus colaboradores (2005) observaram em seus relatos narrativos retrospectivos, transgressores e vítimas discordaram sobre quem instigou uma transgressão moral ou por que uma transgressão ocorreu, mas vítimas e transgressores quase sempre consideraram tais eventos como morais (enquanto, para transgressões convencionais, os transgressores viam os atos menos negativamente do que os observadores). Assim, quando as crianças enfrentam transgressões morais diretas na vida cotidiana, as situações podem ser mais ambíguas e as características dos eventos podem não ser tão bem especificadas e detalhadas quanto as situações apresentadas em entrevistas hipotéticas, levando a alguma variação nos julgamentos morais. As crianças também podem estar mais motivadas em situações da vida real para "descobrir coisas" e tentar entender motivos e emoções dos outros. Wainryb e seus colaboradores (2005) verificaram que, em comparação com crianças mais novas, narrativas de crianças de quinto ano sobre conflitos morais tornam-se cada vez mais psicológicas e mentalistas; elas tentaram interpretar e compreender diferentes motivos, emoções e intenções nas situações morais.

Finalmente, numerosos estudos examinaram se crianças em diferentes culturas diferenciam as questões morais das sócio-convencionais. Esses estudos mostraram que crianças em uma ampla gama de culturas – incluindo América do Norte e do Sul, Ásia, África, Oriente Médio e Austrália – avaliam eventos morais e convencionais usando critérios teóricos (ver Wainryb, 2006, para uma revisão), embora algumas diferenças nas justificativas tenham sido observadas. Por exemplo, crianças pré-escolares chinesas em Hong Kong avaliaram transgressões morais com justificativas relativas ao bem-estar dos outros (Yau & Smetana, 2003), enquanto tais preocupações não são explicitamente articuladas até alcançarem idades posteriores, em crianças americanas. Ao raciocinar sobre eventos convencionais, crianças e adolescentes coreanos costumavam usar justificativas relativas ao status social, papéis sociais, papel apropriado e cortesia – preocupações não muito evidentes no raciocínio das crianças americanas (Song, Smetana & Kim, 1987).

Coordenações nos julgamentos morais e sociais das crianças

Um dos poucos estudos para examinar, explicitamente, coordenações de domínios em julgamentos de crianças foi conduzido por Killen (1990). Nesse estudo, crianças de 6 a 12 anos de idade fizeram julgamentos sobre situações morais prototípicas relativas aos danos e à justiça distributiva – como uma criança bater em outra –, tanto quanto em situações multifacetadas, nas quais um componente moral conflitava com uma preocupação sócio-organizacional ou com uma consideração pessoal. Por exemplo, as crianças tiveram que escolher entre prevenir dano e continuar uma tarefa necessária para manter uma atividade de grupo. Além disso, nas situações multifacetadas, as crianças tiveram que escolher entre prevenir danos a um estranho ou a uma pessoa próxima. Em consonância com a pesquisa que examina eventos morais prototípicos, durante todas as idades, todas as crianças consideraram bater como sendo errado, baseadas em preocupações com o bem-estar e em evitar danos. Entretanto, havia um consenso consideravelmente menor no julgamento das crianças sobre situações multifacetadas.

Quase um terço das crianças não deu prioridade à prevenção de danos sobre a manutenção de uma atividade de equipe. Também houve variação em seus julgamentos sobre se deveriam priorizar a prevenção de danos a um estranho ou a uma pessoa próxima. Na avaliação de situações multifacetadas, e em claro avanço sobre crianças pré-escolares, a maioria das crianças em todas as idades teve em conta considerações morais e não morais na tomada de decisões, e apenas uma pequena proporção de crianças focou exclusivamente em características não morais. Assim, concepções morais foram relevantes e aplicadas na tomada de decisões sobre situações multifacetadas contextualizadas.

A heterogeneidade nas orientações sociais também pode refletir nos conflitos entre vários conceitos abstratos, nos princípios aplicados em situações complexas e em como indivíduos pesam e coordenam diferentes preocupações morais. A pesquisa de Helwig (ver Helwig, 2006) mostrou que há uma heterogeneidade nas concepções das crianças sobre direitos, leis, liberdades civis e liberdade de expressão. Embora grande parte da pesquisa tenha se concentrado em adolescentes e adultos jovens, os estudos de Helwig com crianças em idade escolar indicam que concepções de direitos e liberdades civis se desenvolvem nos primeiros anos da escola primária. Por exemplo, estudos a respeito de concepções de crianças canadenses em idade escolar sobre liberdade de expressão e de religião (Helwig, 1997) e governo justo (Helwig, 1998) sugerem que, aos 6 anos, consideram liberdade de religião e de expressão como direitos universais que devem ser mantidos em todas as culturas. Enquanto as justificativas das crianças pequenas para defender liberdades civis se concentraram principalmente em apelos à escolha pessoal e à liberdade de expressão, aquelas que estavam no meio da infância focalizaram implicações culturais ou societais mais amplas desses direitos. É importante notar que, entre as idades, as crianças não definem liberdades civis em termos de autoridade ou leis societárias existentes. Em vez disso, desde as idades inicias, viam liberdades civis como direitos, inicialmente conectados a suas noções em desenvolvimento sobre o domínio pessoal.

Além disso, diferenças de idade foram encontradas na maneira como as crianças aplicaram direitos em diferentes contextos sociais (Helwig, 1997). Durante a metade da infância, fizeram poucas distinções entre direitos das crianças e dos adultos ou entre direitos em diferentes contextos sociais, como família, escola e/ou sociedade em geral; as crianças justificaram a aplicação de direitos entre contextos e indivíduos com apelos à escolha pessoal e à autonomia. Além disso, crianças em idades escolares aplicaram concepções morais de dano, direitos e justiça à sua avaliação de leis socialmente benéficas e injustas, considerando tais preocupações ao avaliarem se os indivíduos devem obedecer às leis (Helwig & Jasiobedzka, 2001).

A pesquisa de Killen e de seus colegas também mostrou que julgamentos sobre exclusão de pares e intergrupos podem ser melhor compreendidos em termos de coordenação das concepções morais, convencionais e psicológicas das crianças (ver Killen e Rutland, 2011, para comentários). Como Killen (2007) observou, e como os estudos sobre julgamentos de exclusão das crianças pré-escolares demonstraram, a exclusão entre pares pode envolver noções morais de justiça, preocupações convencionais com as normas do grupo, funcionamento efetivo do grupo e preocupações pessoais com autonomia, escolha pessoal e identidade. Durante a metade da infância, a maioria não aceitou excluir um colega de um grupo, na escola, com base em raça ou gênero, apoiada em preocupações morais com justiça (Killen & Stangor, 2001). No entanto, quando foram introduzidas diferentes qualificações para a adesão ao grupo, as crianças coordenaram e às vezes priorizaram aspectos morais versus convencionais das situações. Conforme a idade, as crianças cada vez mais focaram em razões convencionais relacionadas ao funcionamento eficaz do grupo.

Experiências sociais conectadas com concepções morais e não morais

Vários estudos examinaram interações morais e sociais de crianças em idade escolar, particularmente em contextos escolares (Blumenfeld, Pintrich & Hamilton, 1987; Nucci & Nucci, 1982a, 1982b). Na metade da infância, respostas às transgressões morais e convencionais são semelhantes aos tipos de respostas observadas em idades mais jovens, mas há uma mudança que reflete aumento no envolvimento e nas respostas das crianças às transgressões convencionais. Por volta dos 7 anos, as crianças responderam às transgressões convencionais de outras crianças com sanções e declarações de ridicularização, enquanto os adultos responderam com declarações sobre a desordem que o ato cria, sobre regras e sanções (Nucci & Nucci, 1982a, 1982b). Assim, com a idade, as crianças se envolvem cada vez mais na manutenção das regularidades esperadas no sistema social.

Dimensões afetivas dos julgamentos morais e sociais

Na metade da infância, e consistente com o modelo de Arsenio e Lover (1995) de relações entre evento e emoção, a pesquisa mostra que eventos morais hipotéticos são avaliados como afetivamente negativos, enquanto transgressões convencionais são vistas como afetivamente neutras. Essas classificações estão altamente correlacionadas com julgamentos de obrigatoriedade e de alterabilidade (Arsenio & Ford, 1985). Além disso, atribuições de felicidade ao agressor declinam no meio da infância, e as crianças atribuem emoções conflitantes aos vitimizadores (felicidade devido a seus ganhos como resultado do comportamento, tanto quanto emoções negativas devido à sua compreensão sobre a situação difícil da vítima). De fato, o desenvolvimento da capacidade de compreender emoções misturadas durante a infância e os ganhos na teoria da mente (Yuill, Perner, Pearson, Peerbhoy & van den Ende, 1996) são associados aos declínios no efeito de felicidade atribuída ao agressor, seguindo em direção a uma visão mais mista (Arsenio *et al.*, 2006). Com a idade, e em consequência de relacionamentos positivos entre pares, as crianças em desenvolvimento geralmente se desviam da visão dos agressores que se sentem expressamente felizes para focalizarem consequências negativas às vítimas. Maki, Gasser e Gutzwiller-Helfenfinger (2010) expandiram esses resultados ao demonstrarem que julgamentos morais (com julgamentos de independência de regra e autoridade, generalização e classificação de gravidade de transgressão combinados) estão associados a níveis mais baixos de atribuições da emoção neutra entre crianças de 5 anos de idade, menos atribuições de felicidade aos agressores entre aquelas de 1 a 9 anos de idade, e maiores sentimentos de culpa entre crianças de 9 anos de idade. Assim, esses resultados sugerem que o significado afetivo associado a julgamentos morais pode mudar à medida que as crianças crescem.

Resumo

Há avanços substanciais na compreensão moral das crianças durante a metade da infância. As crianças aplicam critérios morais a uma gama mais ampla de eventos morais, incluindo eventos mais abstratos e desconhecidos; além disso, concepções morais se estendem de um foco em dano físico concreto e preocupações com bem-estar para uma maior compreensão de justiça. Em situações da vida real, os agressores morais tendem a ver seu comportamento como intencional e como resposta à provocação, mas com a idade, as crianças avaliam mais negativamente a retaliação, especialmente respostas às provocações que são mais graves do que a ofensa original.

A compreensão das crianças sobre diferentes tipos de regularidades se expande para incluir regularidades intelectuais, físicas e lógicas, e, no meio da infância, reforçam e respondem às diferentes transgressões convencionais. Com a idade, as crianças se tornam cada vez mais capazes de coordenar diferentes concepções morais (por exemplo, em julgamentos de liberdades civis), além de concepções morais e não morais (por exemplo, em avaliações de exclusão de pares). Crianças de ensino fundamental defendem liberdade de expressão e de religião, considerando-as como direitos universais, no entanto, as mais jovens baseiam tais afirmações em razões pessoais e, só mais tarde na infância, consideram suas implicações sociais mais amplas. À medida que envelhecem, também coordenam a perspectiva da vítima e do transgressor. Com cerca de 7 ou 8 anos de idade, o efeito do "agressor feliz" diminui, em parte devido à perspectiva cada vez mais mentalista das crianças, levando-as a compreender e interpretar diferentes emoções, motivos e intenções em situações morais. As crianças mudam o foco nos ganhos obtidos pela vitimização para as consequências negativas (incluindo tristeza e culpa) de violações morais às vítimas.

O DESENVOLVIMENTO MORAL DURANTE A ADOLESCÊNCIA

Desenvolvimento de conceitos morais

Durante a adolescência, concepções de justiça tornam-se mais abrangentes, universalmente aplicáveis e generalizáveis em todas as situações. Ao mesmo tempo, no entanto, os adolescentes são mais capazes de levar em conta as variações situacionais (Nucci, 2001). Em um estudo em andamento, Nucci e Turiel (2009) examinaram o desenvolvimento do raciocínio de crianças e adolescentes sobre situações envolvendo preocupações morais, seja ajudando alguém necessitado ou abstendo-se de se envolver em dano (direto ou indireto) à outra pessoa, conforme retratado por um conflito com o interesse próprio. Os cenários variaram tanto a natureza do ato como as características da criança representada na situação (neutra, provocada ou vulnerável). Os resultados do estudo são complexos, mas, em geral, os pesquisadores descobriram que quase todas as crianças e adolescentes julgaram que era errado prejudicar o outro, quando o dano foi apresentado de forma direta e inequívoca (como estudos com crianças mais jovens demonstraram amplamente). Verificou-se que concepções de justiça mudam, no início da adolescência, de um enfoque na igualdade direta para uma coordenação de igualdade com a equidade e, em seguida, para uma preocupação com a equidade, ou uma compreensão de que o tratamento justo implica considerar diferenças individuais nas necessidades e nos status. No entanto, junto a essa compreensão crescente de justiça, os adolescentes também desenvolveram maior capacidade de incorporar aspectos ambíguos de situações morais.

Nucci e Turiel (2009) encontraram um padrão em forma de U no crescimento moral (em vez de uma progressão linear do pensamento moral) desde a infância tardia até a adolescência, na capacidade de integrar aspectos divergentes das situações. Eles observaram períodos de transição em que os adolescentes foram mais capazes de considerar os aspectos de situações morais, mas onde aplicaram critérios morais desiguais. Em particular, as tentativas dos adolescentes mais jovens de estabelecer fronteiras de jurisdição pessoal resultaram em aplicação excessiva de concepções de direitos em contextos moralmente ambíguos. Adolescentes mais velhos foram mais capazes de distinguir escolhas pessoais de concepções de direitos, e de coordenar aspectos morais, convencionais e pessoais de situações morais multifacetadas.

Distinções entre as concepções morais e sociais

Nucci e Turiel (1993) examinaram concepções de regras morais e religiosas em adolescentes de diferentes confissões religiosas, incluindo católica, reforma holandesa Calvinista Amish-Mennonite e judeus ortodoxos e conservadores. Além das avaliações usuais do domínio, os estudos também examinaram se a permissibilidade de um determinado ato era contingente à presença ou ausência de um mandamento específico de Deus, e se os mandamentos de Deus poderiam tornar aceitáveis violações morais, como roubar. Como esperado, independentemente da afiliação religiosa, a maioria dos jovens tratava questões morais como erradas na ausência de uma regra de Deus. Em contraste, convenções religiosas, como dia de culto, expectativas em relação ao traje apropriado (para participantes Amish) e dieta (para participantes judeus), foram tratadas como aceitáveis. Além disso, a maioria dos adolescentes rejeitou a noção de que os mandamentos de Deus poderiam fazer uma violação moral ser moralmente correta ou que Deus faria tal mandamento. Assim, adolescentes de diferentes confissões religiosas aplicaram critérios morais a regras religiosas relativas à justiça e aos direitos, e às convenções religiosas diferenciadas das questões morais. As distinções nas avaliações de regras religiosas não foram examinadas em crianças mais novas.

Coordenações nos julgamentos morais e sociais dos adolescentes

Julgamentos sobre liberdades civis e sobre governo justo

De acordo com os achados sobre crianças mais jovens, Helwig (1995) descobriu que a maioria dos norte-americanos de 12 a 16 anos de idade e estudantes universitários consideravam liberdade de expressão e religião, nas situações descontextualizadas e contextualizadas, como direitos universalmente aplicáveis que não são contingentes em relação às regras ou às leis existentes. Adolescentes eram muito menos propensos a firmarem os direitos, mas, quando os mesmos direitos eram apresentados como conflituosos com outras preocupações morais (particularmente com dano físico) e com a equidade, as respostas mudavam. Assim, os adolescentes subordinam direitos a outras preocupações morais, tais como prevenção de danos ou promoção da igualdade.

Com a idade, adolescentes coordenam, cada vez mais, diferentes princípios e preocupações em seus julgamentos sociais (Helwig, 1995). Em comparação com adolescentes mais velhos e estudantes universitários, os mais novos (12 anos de idade) consideraram questões de igualdade como liberdades civis mais prioritárias, e defenderam menos as liberdades civis quando estavam em conflito com uma lei. Embora adolescentes mais novos pudessem avaliar leis e sistemas sociais usando concepções abstratas de direitos, eles eram mais propensos do que os mais velhos a usarem uma perspectiva puramente legalista para avaliar a legitimidade de violação das regras existentes em situações nas quais as liberdades civis dos indivíduos eram restritas. Assim, com a idade, os adolescentes se tornam mais capazes de integrar e coordenar suas compreensões de leis que restringem liberdades civis e julgamentos de conformidade com concepções de direitos. Helwig (1997) descobriu que, com a idade, os adolescentes fundamentaram mais os direitos em avaliações das competências dos agentes (sua maturidade ou competência física ou mental) e diferenciaram cada vez mais seus julgamentos sobre direitos que deveriam ser concedidos a crianças versus adultos, e sobre direitos aplicáveis em diferentes contextos sociais.

Grande parte da pesquisa sobre a concepção dos direitos e liberdades civis dos adolescentes foi conduzida em culturas ocidentais, muitas vezes descritas como orientadas para direitos e que veem indivíduos como agentes autônomos (Shweder *et al.*, 2006). Turiel e Wainryb (1998) examinaram essas questões em uma amostra de adolescentes e adultos árabes drusos. (Os drusos são uma pequena comunidade árabe organizada patriarcalmente e altamente consanguínea no norte de Israel.) Quando os direitos (liberdade religiosa, expressão e reprodução) foram apresentados de forma abstrata, os participantes esmagadoramente endossaram as liberdades para os indivíduos em seu próprio país (embora menos para a reprodução do que os outros direitos) e avaliaram negativamente as leis que restringiam essas liberdades. Semelhante aos resultados de Helwig (1995), adultos e adolescentes drusos mais velhos consideraram como mais aceitável violar leis injustas que restringem liberdades civis do que adolescentes jovens. Além disso, em situações conflitantes, os drusos às vezes subordinaram esses direitos a outras preocupações sociais e morais e acreditaram que os direitos podem ser legitimamente restringidos em algumas circunstâncias. Refletindo a estrutura hierárquica de sua sociedade, os direitos foram aplicados diferentemente a homens e mulheres com menos restrições às liberdades dos filhos do que das esposas ou filhas. Resultados semelhantes foram obtidos em outras culturas, incluindo Índia (Neff & Helwig, 2002), China (revisto em Helwig, 2006; Neff & Helwig, 2002) e Benin, África Ocidental (Conry-Murray, 2009).

Em vez de examinar coordenações nos julgamentos morais dos indivíduos em outras culturas, Wainryb (1993) examinou se adolescentes americanos acreditavam que julgamentos morais podem ser generalizados a outras culturas, descritas como tendo crenças morais ou informacionais distintas. Independentemente da idade, a maioria dos adolescentes avaliou como errados os atos morais que envolvessem danos ou injustiças em outras culturas, baseados em preocupações com os danos, coerção ou injustiça, mesmo quando a crença moral oposta era descrita como parte da cultura ou tradição. No entanto, um número considerável de adolescentes esforçou-se para coordenar julgamentos morais não relativistas com preocupações sobre a necessidade de respeitar outras tradições e crenças culturais. Quando indivíduos em outras culturas foram descritos como detentores de diferentes crenças informacionais (por exemplo, que as crianças se comportam mal porque estão possuídas por espíritos malignos que só podem ser exorcizados por espancamento), a maioria dos adolescentes mudou sua avaliação dos atos (considerando bater como aceitável, por exemplo, porque o fato de um pai bater em seu filho em tal cultura teria intenções diferentes ou consequências que poderiam ser distintas, pois as crianças poderiam acreditar que a palmada estaria ajudando a livrá-las de seus espíritos malignos). Adolescentes em todas as idades fizeram julgamentos tanto relativistas quanto não relativistas e raramente exibiram uma orientação consistente.

Julgamentos sobre a exclusão de pares

Consistente com o que foi encontrado nos estudos com crianças mais novas (Killen & Stangor, 2001) e na pesquisa de Helwig (1995) sobre direitos, a pesquisa sobre o raciocínio dos adolescentes em relação à inclusão e à exclusão (ver Killen & Rutland, 2011) mostrou que, independentemente da idade, a maioria dos participantes avalia exclusão dos pares como errada, com base em preocupações morais quando não há preocupações concorrentes. No entanto, quando a informação estereotipada é apresentada em conflito com ameaças ao funcionamento do grupo, adolescentes mais velhos têm maior probabilidade do que crianças menores de coordenarem preocupações morais e sócio-convencionais, sendo que adolescentes mais novos enfatizam preocupações convencionais com processos grupais. Esses resultados foram replicados em uma amostra de crianças e adolescentes coreanos, japoneses e americanos (Park, Killen, Crystal & Watanabe, 2003), embora algumas variações culturais tenham sido encontradas em situações particulares. Julgamentos sociais sobre exclusão variaram de acordo com o contexto do dilema, mas, conforme a idade, os adolescentes foram cada vez mais capazes de coordenar preocupações morais e convencionais em situações conflitantes.

Também houve diferenças contextuais no raciocínio, os alunos também utilizaram razões pessoais, ao avaliarem decisões sobre amizade, e sócio-convencionais (por exemplo, funcionamento de grupo), ao julgarem exclusão de um clube da escola. No entanto, decisões sobre relacionamentos íntimos (por exemplo, namoro) foram tipicamente vistas como escolhas pessoais, baseadas em preferências pessoais de parceiros românticos e, com menos frequência, eram vistas como envolvendo preocupações morais. Além disso, os adolescentes foram mais propensos do que as crianças a considerarem errada a exclusão das amizades baseada na raça.

Horn e seus colegas (Horn, Killen & Stangor, 1999) mostraram que estereótipos sobre grupos de referência social dos adolescentes ou outros grupos (como "atletas" ou "viciados em tecnologia") influenciam julgamentos de adolescentes sobre situações ambíguas, nas quais a culpa por uma transgressão moral não está clara. Os adolescentes usaram mais justificativas sócio-convencionais quando o comportamento foi descrito como consistente com o estereótipo, mas os julgamentos também variaram de acordo com o grupo de referência social. Horn (2003) demonstrou, ainda, que adolescentes tratam exclusão de grupos sociais como multifacetada e com componentes morais e convencionais. A pesquisadora descobriu que adolescentes pertencentes a grupos de alto status (líderes de torcida, atletas ou "filhinhos de papai") julgaram exclusão de grupos como algo menos errado do que aqueles que não pertenciam a um grupo ou faziam parte de grupos de baixo status ("obscenos", drogados e góticos). Assim, conceitos morais de justiça ou tratamento igual foram influenciados tanto pelos parâmetros morais da situação quanto pela posição dos adolescentes na hierarquia social.

Os julgamentos dos adolescentes sobre exclusão de pares com base na homossexualidade também foram examinados (ver Horn, 2008, para uma revisão). Examinando duas grandes amostras de 1º e 2º anos do Ensino Médio e estudantes universitários, Horn descobriu que poucos participantes nestas amostras acreditavam que a homossexualidade era permitida; metade ou mais dos participantes em ambas as amostras a consideraram como sendo errada e, muitos mais, avaliaram-na de forma neutra, mas não positiva. Apesar disso, quase todos os alunos de ambas as amostras consideraram inaceitável excluir, provocar ou incomodar os pares, gays ou lésbicas, com base nas consequências nocivas, prejudiciais, ou com base nos direitos dos indivíduos a serem tratados com respeito. Assim, essa pesquisa demonstra que a maioria dos adolescentes é capaz de separar suas atitudes em relação à homossexualidade de sua compreensão pelo tratamento justo e de igualdade.

Relacionamento entre pais e adolescentes

As pesquisas examinaram o raciocínio dos adolescentes e dos pais sobre aspectos de suas relações, incluindo autoridade paternal legítima, conflito, revelação de atividades e sigilo, indicando que domínios de raciocínio podem ser coordenados tanto entre os indivíduos quanto internamente ao indivíduo. Um resultado consistente com essa pesquisa é que, conforme a idade, adolescentes reivindicam crescente jurisdição pessoal sobre as áreas de suas vidas (ver Smetana, 2002, 2011; e Smetana & Villalobos, 2009, para revisões); esses aumentos nas reivindicações de liberdade pessoal, especialmente do meio para o fim da adolescência, são associados a um melhor ajuste psicossocial (Smetana, Campione-Barr & Daddis, 2004). Embora os pais concordem que se deva conceder mais autonomia aos adolescentes à medida que envelhecem, eles discordam sobre onde os limites da autoridade paternal legítima devem ser traçados. Assim, assuntos que os adolescentes veem como sob sua jurisdição pessoal são frequentemente vistos pelos pais como convencionais ou prudenciais, levando ao conflito e à negociação nas relações entre pais e adolescentes, bem como ao aumento da não revelação e do sigilo, a serviço da obtenção de mais autonomia (Smetana, 2002, 2011; Smetana & Villalobos, 2009).

Pressupostos informacionais

Justiça sobre as questões sociais ambíguas

Nos estudos de coordenação de domínios conduzidos com crianças em idade escolar (Helwig, 1997, 1998; Killen, 1990), os diferentes componentes das situações foram apresentados em clara oposição entre si. Há outras circunstâncias nas quais os componentes morais das situações podem ser mais ambíguos e não claramente classificáveis como morais. Por exemplo, muitas questões socialmente debatidas, como aborto ou casamento homossexual, são ambíguas, considerando que alguns indivíduos (ou subgrupos) podem vê-las como morais e categoricamente aceitáveis, enquanto outros indivíduos (ou grupos) podem vê-las como não morais e inadmissíveis.

Em pesquisas que analisam o raciocínio e a tomada de decisões de mulheres adultas e jovens sobre o aborto, Smetana (1981b, 1982) entrevistou mulheres jovens enfrentando gravidez indesejada, bem como um grupo, para comparação, de mulheres jovens não grávidas, a respeito do aborto e de outras questões morais e pessoais prototípicas. Algumas mulheres jovens consideraram o aborto como algo permissível, estando sob jurisdição pessoal durante a gravidez; outras mulheres jovens consideraram o aborto como inequivocamente errado, e um terceiro grupo de mulheres coordenou concepções pessoais e morais, vendo o aborto como uma questão pessoal durante os estágios iniciais da gravidez e como algo moralmente errado no período mais tardio da gravidez (porque nesse período o feto é visto como já sendo um ser humano). Esses julgamentos foram fundamentados por diferentes pressupostos informacionais, sob a forma de diferentes ideias sobre a pessoalidade do feto. Mulheres que atribuíam ao feto o conceito de pessoa plena (baseada em crenças religiosas ou biológicas) descreveram o aborto como matança e como escolha entre duas vidas humanas; suas decisões foram semelhantes aos julgamentos sobre outras questões morais prototípicas. Mulheres que ainda não consideravam o feto como uma pessoa viam o aborto como questão de escolha pessoal; suas decisões assemelharam-se a julgamentos sobre outras questões pessoais prototípicas.

Essas concepções sobre aborto foram associadas à tomada de decisão de mulheres jovens sobre gravidez não desejada. A maioria das mulheres que consideraram o aborto como questão pessoal decidiu fazê-lo, enquanto quase todas aquelas que consideraram o aborto como questão moral continuaram com a gravidez. Embora as mudanças nas ideias das mulheres, sobre a resposta do aborto ao enfrentamento do dilema da gravidez indesejada, não tenham sido avaliadas, modos semelhantes de raciocínio sobre o aborto foram encontrados em adolescentes, meninos e meninas, bem como em grupos de jovens mulheres que nunca haviam estado grávidas (Smetana, 1982). Finalmente, embora diferentes crenças sobre integridade e dignidade da pessoa do feto estivessem associadas aos antecedentes religiosos, a orientação do domínio foi um melhor indicador das decisões do que a de qualquer fundo religioso ou de nível desenvolvimental sobre o raciocínio moral, avaliado pela utilização de dilemas hipotéticos de julgamento moral. Portanto, esse estudo demonstra que crenças factuais ou informacionais afetam julgamentos sociais dos indivíduos e decisões da vida real por meio de seu efeito na estruturação de julgamentos.

Turiel, Hildebrandt e Wainryb (1991) acompanharam esse estudo, examinando julgamentos de estudantes do ensino médio e universitários sobre várias questões sociais altamente carregadas, que também são ambiguamente multifacetadas, incluindo aborto, homossexualidade, incesto e pornografia. Esses pesquisadores compararam o raciocínio sobre tais questões com o raciocínio sobre eventos morais prototípicos (neste estudo, estupro e morte não provocada). Como esperado, os julgamentos implicaram a coexistência de diferentes domínios do pensamento social. Como nos estudos anteriores, quase todos consideraram os eventos prototípicos morais categoricamente e generalizadamente errados, além de legitimamente sujeitos ao controle social e jurídico. No entanto, eles variaram em seus julgamentos sobre eventos multidimensionais. Alguns avaliaram os atos como permissíveis, estando além dos limites da jurisdição da sociedade; outros avaliaram os atos como errados. Verificou-se que as variações nos julgamentos estavam associadas a pressupostos informacionais distintos e, muitas vezes, contraditórios (crenças biológicas, psicológicas, sociológicas ou religiosas). Julgamentos prescritivos de certo e de errado foram derivados das justificações baseadas em "leis da natureza", dos desvios das funções biológicas naturais ou das suposições sobre o desvio e a normalidade.

Por fim, os participantes que consideraram eventos ambíguos como sendo errados foram quase unânimes em avaliarem questões morais como categoricamente e generalizadamente erradas, além de legitimamente reguladas pela sociedade. Ao contrário de seus julgamentos sobre outras questões morais, no entanto, julgaram que questões ambíguas eram contingentes ao estatuto jurídico e faltava generalização para outros contextos sociais. Preocupações com bem-estar e com direitos predominaram no raciocínio para questões morais prototípicas, mas foram muito menos evidentes no raciocínio sobre questões ambíguas.

Junto de Turiel e de seus colegas (1991), Horn e Nucci (2003) descobriram que o raciocínio de adolescentes mais velhos sobre sexualidade e homossexualidade também é multifacetado. O raciocínio dos adolescentes inclui preocupações com direitos e justiça, com convenções e normas sociais, e com questões pessoais, bem como com pressupostos informacionais sobre a ordem natural do mundo. Ou seja, alguns viam homossexualidade como uma forma natural ou normal de expressão sexual, mas outros não, e isso foi mediado por crenças religiosas ou ideológicas. Assim, essas descobertas sugerem que avaliações inconsistentes e às vezes contraditórias sobre questões sociais "ambíguas" derivam, em parte, de crenças factuais ou pressupostos dos indivíduos sobre o mundo natural e social.

Julgamentos das práticas sociais

Wainryb (1991, 2000) também examinou o papel dos pressupostos informacionais nos julgamentos morais de adolescentes e de estudantes universitários sobre danos. Wainryb (1991) verificou que, embora adolescentes e estudantes universitários tivessem crenças morais similares sobre ser errado infligir danos aos outros, suas avaliações de situações particulares variaram devido às diferenças nos pressupostos informacionais e, portanto, às discordâncias sobre o que acreditavam ser verdadeiro. Descobriu-se que diferenças nas crenças factuais fundamentaram avaliações morais de situações particulares. Além disso, o controle dos pressupostos informacionais levou a mudanças nas avaliações morais individuais sobre os atos.

Shaw e Wainryb (1999) fizeram com que estudantes universitários avaliassem práticas sociais que implicavam dano, mas foram descritas como tipicamente praticadas pela maioria dos membros de outras culturas. A maioria dos participantes declarou que os indivíduos nessa outra cultura deveriam ter pressupostos informacionais que tornavam tais práticas benéficas em vez de prejudiciais. Além disso, quando o tipo de crença (moral versus factual) e o grau de consenso societal sobre a crença foram manipulados, os pesquisadores descobriram que a prática foi avaliada positivamente apenas quando se dizia que os membros da sociedade tinham as mesmas crenças factuais (por exemplo, que a prática tem consequências benéficas) e tinham um acordo consensual com a prática. Quando os membros da sociedade foram descritos como discordando sobre os fatos subjacentes – tanto se o comportamento era imoral, ou se os membros concordavam que a prática era imoral –, as práticas foram avaliadas negativamente, como tendo consequências injustas ou prejudiciais. Assim, os indivíduos julgam atos considerados prejudiciais ou injustos como sendo aceitáveis caso pareçam baseados em crenças factuais divergentes das suas. Adolescentes entendem que crenças são questões de interpretação e que os indivíduos podem entender os fatos de diferentes maneiras, levando à tolerância das outras pessoas e seus comportamentos (Wainryb, Shaw & Maianu, 1998).

Este estudo, juntamente com vários outros, mostrou que adolescentes são mais tolerantes à liberdade de expressão e à expressão pública de crenças dissidentes do que às práticas atuais. Mas o oposto foi encontrado em um estudo sobre a tolerância das práticas de personagens muçulmanos entre adolescentes holandeses na Holanda (Gieling, Thijs & Verkuyten, 2010). Esses pesquisadores constataram que adolescentes holandeses distinguiram entre diferentes práticas culturais: julgaram o ato de usar um lenço de cabeça na escola como uma escolha pessoal; o ato de não apertar as mãos dos estudantes do sexo oposto e os fundamentos das escolas muçulmanas como violações convencionais; e o discurso anti-homossexual, endossado por um líder islâmico, como ofensa moral. A tolerância variou de acordo com o domínio da questão, a idade dos alunos e o seu nível de escolaridade (se eles estavam no caminho profissional ou no caminho preparatório para a universidade). A tolerância foi maior para questões pessoais e menor para questões morais; maior entre adolescentes mais velhos e maior também entre estudantes em níveis educacionais mais elevados, particularmente no que diz respeito à questão moral do discurso do líder religioso. Contrariamente à pesquisa anterior, a tolerância foi também maior para práticas particulares do que para campanhas de apoio público a essas práticas. Os autores relacionaram esses achados com os relacionamentos intergrupais.

Diferentes experiências e julgamentos morais

As pesquisas também se concentraram em associações entre as experiências de adolescentes sobre exclusão de pares ou contato intergrupal, bem como seu raciocínio moral acerca da exclusão (Killen & Rutland, 2011). Tanto a maioria (europeus americanos) quanto a minoria dos adolescentes americanos (de origem africana, latina e asiática) avaliaram exclusão racial como errada, baseados em preocupações morais com a injustiça. No entanto, a minoria era mais propensa do que a maioria dos adolescentes a acreditar que a exclusão racial ocorre (Killen, Henning, Kelly, Crystal & Ruck, 2007); além disso, uma maior experiência pessoal com exclusão de pares (raciais ou não) foi associada ao raciocínio minoritário, mas não majoritário, dos jovens sobre a exclusão de amizades inter-raciais (Margie, Brenick, Killen, Crystal & Ruck, 2006). Os estudantes minoritários, com mais experiência de exclusão, foram mais propensos a considerar exclusão racial como moralmente errada. Além disso, entre estudantes majoritários e minoritários, maior contato intergrupal foi associado a pontos de vista mais fortes de que exclusão racial é moralmente errada (Crystal, Killen & Ruck, 2008). Da mesma forma, Heinze e Horn (2009) descobriram que ter amigos gays ou lésbicas estava associado a atitudes mais positivas em relação à homossexualidade e aos homossexuais, e a menos tolerância ao tratamento injusto da juventude lésbica e gay.

As dimensões afetivas sobre julgamentos morais e sociais

Os julgamentos sobre o efeito "agressor feliz" declinam tipicamente na metade da infância, de modo que, quando persistem na adolescência, são mais frequentemente associados a uma pobre competência social ou a um ajuste problemático (Arsenio *et al.*, 2006). Portanto, estudos sobre concepções dos adolescentes a respeito das consequências emocionais das transgressões focalizam jovens com transtorno de conduta ou avaliações de diferentes formas de agressão por parte dos adolescentes (Arsenio, Adams & Gold, 2009). Como previu Arsenio e Lover (1995), um estudo mostrou que respostas citando o efeito "agressor feliz" eram maiores entre os adolescentes com transtorno de conduta do que entre os pareados (Arsenio *et al.*, 2004), e que os jovens atribuíam emoções distintas a diferentes tipos de atos agressivos. Quando a agressão proativa (não provocada) foi vista como intencional, os adolescentes relataram mais raiva do que em relação a outros atos. Outro estudo sobre adolescentes urbanos e afro-americanos de baixa renda mostrou que a agressão proativa (mas não reativa) estava associada a expectativas de resultados mais positivos vinculados à agressão (Arsenio *et al.*, 2009), enquanto preconceitos de atribuição hostil estavam associados a uma agressão reativa (mas não proativa).

Resumo

Conforme a idade, julgamentos morais de adolescentes tornam-se mais abrangentes, universalmente aplicáveis e generalizáveis, mas, ao mesmo tempo, os adolescentes também são cada vez mais capazes de levar em conta variações situacionais. Adolescentes, como crianças mais jovens, avaliam violações morais diretas como erradas, baseados em preocupações morais. No entanto, a pesquisa focada em diferentes tópicos, incluindo direitos, exclusão, relacionamentos entre pares e julgamentos de diversas práticas sociais, indica que os adolescentes lutam para coordenar aspectos divergentes de situações multifacetadas e ambíguas. Uma maior capacidade de coordenar diferentes preocupações morais e não morais não parece se desenvolver de forma direta e linear. Em vez disso, o caminho do desenvolvimento inclui confusões e aplicações exageradas de direitos em situações ambíguas. No final da adolescência, o domínio pessoal expande-se para considerar uma gama mais ampla de liberdades pessoais, os adolescentes mantêm fronteiras mais claras entre moralidade e escolha pessoal, e têm visões mais diferenciadas dos direitos. A moralidade é vista como prioridade em muitos casos, mas são considerados pressupostos situacionais e informacionais. As diferenças individuais nas avaliações morais, particularmente em questões sociais complexas e ambíguas, podem refletir crenças diferentes sobre a natureza da realidade.

CONCLUSÕES

O modelo do Domínio Social fornece uma abordagem sofisticada para conceituar a interseção complexa de preocupações com justiça, bem-estar, direitos, convenções sociais, tradições, autoridade, e escolha pessoal, bem como direitos pessoais que ocorrem entre indivíduos em diferentes culturas. Essas diferentes preocupações são, todas, aspectos da vida social e coexistem no raciocínio dos indivíduos, mas podem ser coordenados de maneiras diferentes dependendo do desenvolvimento individual, dos contextos sociais e dos arranjos culturais particulares.

Conforme este capítulo demonstra, verificou-se que crianças pré-escolares fazem distinções entre julgamentos morais hipotéticos e reais (particularmente sobre casos concretos e familiares de danos), julgamentos relativos a convenções sociais e avaliações de questões pessoais; porém, os julgamentos de crianças pequenas são limitados de várias maneiras. À medida que a compreensão da mente e da realidade das crianças se desenvolve, julgamentos morais são aplicados a situações mais abstratas, desconhecidas e complexas, tornando-se mais capazes de compreender reivindicações e intenções conflitantes, e também de separar fatos e valores em seus julgamentos. O desenvolvimento durante a adolescência implica novos avanços na coordenação de diferentes julgamentos sociais; as reivindicações de direitos dos adolescentes tornam-se mais generalizáveis e ainda mais contextualmente sensíveis. A abordagem do Domínio Social proporciona um poderoso modelo para a compreensão das avaliações individuais da vida social, dos arranjos sociais e das práticas sociais.

DIRECIONAMENTOS FUTUROS

Ao longo dos últimos 30 anos, a teoria do Domínio Social se expandiu em seu foco e alcançou avanços consideráveis na compreensão da moralidade como uma das vertentes do desenvolvimento do raciocínio social das crianças. No entanto, ainda permanecem lacunas no nosso conhecimento. Mudanças qualitativas, normativas, de desenvolvimento do raciocínio moral e diferenciações entre domínios, que emergiram dos estudos transversais, precisam ser examinadas no formato longitudinal. A pesquisa também é necessária para entender melhor como mudanças de desenvolvimento no conhecimento moral e social se cruzam com a coordenação das crianças nas concepções morais e não morais, e, mais globalmente, se as coordenações nos conceitos morais e sociais mudam conforme a idade.

Pesquisas mostram que, no terceiro ano de vida, as crianças têm concepções morais rudimentares e distinguem moral de outros conceitos sociais. No entanto, as crianças têm diversas experiências sociais que são evidentes no primeiro ano de vida, e demonstram, logo depois, consciência sobre informações moralmente relevantes (por exemplo, provocação, humor, provocação aos outros, interesse em violações morais de outras pessoas). Como a pesquisa sobre julgamentos de crianças pequenas é limitada pelo desenvolvimento da linguagem, outros métodos (por exemplo, extraídos de estudos sobre formação de conceitos físicos e sociais de bebês) devem ser adaptados para examinar as primeiras origens dos julgamentos morais das crianças, tal como definidas na Teoria do Domínio Social. Além disso, uma vez que a pesquisa no Domínio Social se desenvolveu em resposta às preocupações sobre as limitações dos modelos de diferenciação do desenvolvimento moral (Kohlberg, 1984; Piaget, 1932), a maior parte da pesquisa sobre julgamentos morais e convencionais das crianças jovens concentra-se em demonstrar suas competências morais. Agora que estes foram amplamente documentados, a atenção deve ser voltada para entender melhor os limites da compreensão moral das crianças pequenas (por exemplo, em termos de sua falha em entender as crenças falsas) e como essas limitações são superadas com o aumento da idade. Mais pesquisas devem examinar como o raciocínio moral é esclarecido pela Teoria da Mente em desenvolvimento nas crianças, e em outras mudanças importantes no desenvolvimento (por exemplo, na função executiva, ver Carlson *et al.*).

Ademais, tem ocorrido um interesse crescente pelos substratos biológicos do desenvolvimento do julgamento moral e, além disso, avanços nas neurociências morais poderiam ser usados para iluminar o desenvolvimento do conhecimento moral e social das crianças (ver Flynn & Blair). Estudos esclarecendo interseções complexas entre respostas afetivas e processos cognitivos são necessários, particularmente porque algumas perspectivas atuais fornecem relatos potencialmente simplificados dessas associações (ver Killiel & Smetana, 2007, e Turiel, 2010, para uma discussão dos usos e abusos dos métodos da neurociência moral). Além disso, pesquisas atuais sobre moralidade, centradas no papel do processamento intuitivo na tomada de decisão social (Haidt, 2001, 2007), geralmente carecem de um foco de desenvolvimento. A pesquisa no Domínio Social sugere que, com o desenvolvimento, alguns julgamentos morais em situações diretas podem se tornar mais automáticos, bem como a necessidade de "trabalho pesado" cognitivo se desloca para avaliações de questões mais complexas, incluindo julgamentos sobre situações ambíguas ou coordenações dos aspectos morais e não morais das situações. É necessária mais pesquisa injetando um foco de desenvolvimento na discussão de processos intuitivos.

Durante muitos anos, a pesquisa no Domínio Social concentrou-se em mudanças normativas dos julgamentos e do raciocínio moral e social das crianças, mas pesquisas recentes começaram a iluminar nossa compreensão sobre diferenças individuais no raciocínio moral. Esta pesquisa pode contribuir, de forma útil, para nossa compreensão a respeito do desenvolvimento problemático ou atípico, bem como do desenvolvimento normativo em diferentes contextos. Pesquisas futuras devem examinar a maneira como crianças de diferentes idades avaliam a provocação e como coordenam as perspectivas de vítimas e transgressores em seus julgamentos morais de situações hipotéticas e reais, e em sua compreensão e atribuição para emoções.

Finalmente, uma pesquisa recente examinou o papel da resistência e da subversão nos processos de desenvolvimento (por exemplo, em relações de adolescentes e de pais) e na vida social em culturas (por exemplo, como aqueles mais baixos na hierarquia social conseguem o que querem). Mais pesquisas são necessárias para entender como as experiências em estruturas hierárquicas e os diferentes arranjos sociais levam a variações nos julgamentos morais e sociais. A pesquisa na perspectiva do Domínio mostrou que os indivíduos são participantes ativos nas culturas e avaliam os aspectos morais, convencionais e pessoais de suas vidas sobre como vivem, como deveriam viver e como gostariam de viver.

Questões para pesquisas futuras

1. Quais são as origens do desenvolvimento nos julgamentos morais e sociais na infância?
2. Como a Teoria da Mente, em desenvolvimento nas crianças, e as mudanças nas funções executivas influenciam o desenvolvimento do seu raciocínio moral?
3. Como as mudanças na regulação e no processamento das emoções influenciam no raciocínio moral das crianças e na capacidade de diferenciar os domínios do conhecimento social?
4. Como as crianças em diferentes idades avaliam a provocação e coordenação das perspectivas das vítimas e dos transgressores em seus julgamentos morais?
5. Como a coordenação das crianças nas concepções morais e sociais muda conforme a idade?
6. Ao fazer os julgamentos, quais fatores influenciam na saliência de diferentes características das situações?
7. Como as diferenças individuais nos relacionamentos entre pares influenciam os julgamentos morais?
8. Como as diferenças individuais em julgamentos e em emoções morais influenciam no desenvolvimento dos comportamentos agressivos e como conduzem os problemas?
9. Quais fatores influenciam nas mudanças do raciócínio moral?
10. Como as experiências nas estruturas hierárquicas e nos arranjos sociais diferentes levam às variações nos julgamentos morais e sociais?

REFERÊNCIAS

ABU-LUGHOD, L. *Writing women's worlds: Bedouin stories*. Berkeley: University of California Press, 1993.

ARDILA-REY, A. & KILLEN, M. "Colombian preschool children's judgments about autonomy and conflict resolution in the classroom setting". *International Journal of Behavioral Development*, 25: 246-255, 2001.

ARSENIO, W. "Children's conceptions of the situational affective consequences of sociomoral events". *Child Development*, 59: 1611-1622, 1988.

______. "Integrating emotion attributions, morality, and aggression: Research and theoretical foundations". *In*: ARSENIO, W. F. & LEMERISE, E. (eds.). *Emotions, aggression, and morality in children: Bridging development and psychopathology*. Washington, DC: American Psychological Association, 2010, p. 75-94.

ARSENIO, W., COOPERMAN, S. & LOVER, A. "Affective predictors of preschoolers' aggression and peer acceptance: Direct and indirect effects". *Developmental Psychology*, 36: 438-448, 2000.

ARSENIO, W. & FORD, M. "The role of affective information in social-cognitive development: Children's differentiation of moral and conventional events". *Merrill-Palmer Quarterly*, 31: 1-18, 1985.

ARSENIO, W. & KILLEN, M. "Preschoolers' conflict-related emotions during peer disputes". *Early Education & Development*, 7: 43-57, 1996.

ARSENIO, W. & KRAMER, R. "Victimizers and their victims: Children's conceptions of the mixed emotional consequences of victimization". *Child Development*, 63: 915-927, 1992.

ARSENIO, W. & LOVER, A. "Children's conceptions of sociomoral affect: Happy victimizers, mixed emotions and other expectancies". *In*: KILLEN, M. & HART, D. (eds.). *Morality in everyday life*. Cambridge: Cambridge University Press, 1995, p. 87-128.

______. "Emotions, conflicts, and aggression during preschoolers' free play". *British Journal of Developmental Psychology*, 15: 531-546, 1997.

ARSENIO, W. F., ADAMS, E. & GOLD, J. "Social information processing, moral reasoning, and emotion attributions: Relations with adolescents' reactive and proactive aggression". *Child Development*, 80: 1739-1755, 2009.

ARSENIO, W. F., ADAMS, E. & GOLD, J. "Adolescents' emotional expectancies regarding aggressive and nonaggressive events: Connections with behavior problems". *Journal of Experimental Child Psychology*, 89: 338-355, 2004.

______. "Children's conceptions and displays of moral emotions". *In*: KILLEN, M. & SMETANA, J. G. (eds.). *Handbook of moral development*. Mahwah: Erlbaum, 2006, p. 581-609.

ASTOR, R. A. "Children's moral reasoning about family and peer violence: the role of provocation and retribution". *Child Development*, 65: 1054-1067, 1994.

BLAIR, R. J. R. "Morality in the autistic child". *Journal of Autism and Developmental Disorders*, 26: 571-579, 1996.

BLUMENFELD, P. C., PINTRICH, P. R. & HAMILTON, V. L. "Teacher talk and students' reasoning about morals, conventions, and achievement". *Child Development*, 58: 1389-1401, 1987.

BROWN, J. R., DONELAN-MCCALL, N. & DUNN. J. "Why talk about mental states: The significance of children's conversations with friends, siblings, and mothers". *Child Development*, 67: 836-849, 1996.

CARPENDALE, J. & CHANDLER, M. "On the distinction between false belief understanding and subscribing to an interpretive theory of mind". *Child Development*, 67: 1686-1706, 1996.

COLBY, A. & KOHLBERG, K. (eds.). *The measurement of moral judgment (Vols. 1 and 2)*. Nova Iorque: Cambridge University Press, 1987.

CONRY-MURRAY, C. "Adolescent and adult reasoning about gender roles and fairness in Benin, West African". *Cognitive Development*, 24: 207-219, 2009.

CRYSTAL, D., KILLEN, M. & RUCK, M. "It is who you know that counts: Intergroup contact and judgments about race-based exclusion". *British Journal of Developmental Psychology*, 26: 51-70, 2008.

DAHL, A., CAMPOS, J. J. & WITHERSPOON, D. C. "Emotional action and communication in early moral development". *Emotion Review*, 3: 147-157, 2011.

DAMÁSIO, A. "Descartes' error: Emotion, reason, and the human brain". Nova Iorque: Avon, 1994.

______. *Looking for Spinoza: Joy, sorrow, and the feeling brain*. Orlando: Harcourt, 2003.

DAMON, W. *The social world of the child*. São Francisco: Jossey-Bass, 1977.

DAVIDSON, P., TURIEL, E. & BLACK, A. "The effect of stimulus familiarity of criteria and justifications in children's social reasoning". *British Journal of Developmental Psychology*, 1: 49-65, 1983.

DUNN, J. "Moral development in early childhood and social interaction in the family". *In*: KILLEN, M. & SMETANA, J. G. (eds.). *Handbook of moral development*. Mahwah: Erlbaum, 2006, p. 331-350.

DUNN, J., CUTTING, A. O. & DEMETRIOU, H. "Moral sensibility, understanding others, and children's friendship interactions in the preschool period". *British Journal of Developmental Psychology*, 18: 159-177, 2000.

DUNN, J., SLOMKOWSKI, C., DONELAN, N. & HERRERA, C. "Conflict, understanding, and relationships: Developments and differences in the preschool years". *Early Education and Development*, 6: 303-316, 1995.

DWORKIN, R. *Taking rights seriously*. Cambridge: Harvard University Press, 1978.

FLAVELL, J. H., MUMME, D. L., GREEN, F. L. & FLAVELL, E. R. "Young children's understanding of different types of beliefs". *Child Development*, 63: 960-977, 1992.

GEWIRTH, A. *Reason and morality*. Chicago: University of Chicago Press, 1978.

GIELING, M., THIJS, J. & VERKUYTEN, M. "Tolerance of practices by Muslim actors: An integrative social-developmental perspective". *Child Development*, 81: 1384-1399, 2010.

GILLIGAN, C. *In a different voice*. Cambridge: Harvard University Press, 1982.

GRALINSKI, H. H. & KOPP, C. B. "Everyday rules for behavior: Mothers' requests to young children". *Developmental Psychology*, 29: 573-584, 1993.

GRUSEC, J. E. & DAVIDOV, M. "Socialization in the family: The role of parents". *In*: GRUSEC, J. E. & HASTINGS, P. D. (eds.). *Handbook of socialization: Theory and research*. Nova Iorque: Guilford Press, 2007, p. 284-308.

______. "Integrating different perspectives on socialization theory and research: A domain-specific approach". *Child Development*, 81: 687-709, 2010.

HAIDT, J. "The emotional dog and its rational tail: A social intuitionist approach to moral judgment". *Psychological Review*, 108: 814-834, 2001.

______. "The new synthesis in moral psychology". *Science*, 316: 998-1002, 2007.

HAMLIN, J. K. & WYNN, K. "Five- and 9-month-old infants prefer prosocial to antisocial others". *Cognitive Development*, 26: 30-39, 2011.

HAMLIN, J. K., WYNN, K. & BLOOM, P. "Social evaluation by preverbal infants". *Nature*, 450: 557-560, 2007.

HATCH, E. *Culture and morality: The relativity of values in anthropology*. Nova Iorque: Columbia University Press, 1983.

HEINZE, J. J. & HORN, S. S. "Intergroup contact and beliefs about homosexuality in adolescence". *Journal of Youth and Adolescence*, 38: 937-951, 2009.

HELWIG, C. C. "Adolescents' and young adults' conceptions of civil liberties: Freedom of speech and religion". *Child Development*, 66: 152-166, 1995.

______. "The role of agent and social context in judgments of freedom of speech and religion". *Child Development*, 68: 484-495, 1997.

______. "Children's conceptions of fair government and freedom of speech". *Child Development*, 69: 518-531, 1998.

______. "Rights, civil liberties, and democracy across cultures". *In*: KILLEN, M. & SMETANA, J. G. (eds.). *Handbook of moral development*. Mahwah: Erlbaum, 2006, p. 185-210.

HELWIG, C. C. & JASIOBEDZKA, U. "The relation between law and morality: Children's reasoning about socially beneficial and unjust laws". *Child Development*, 72: 1382-1393, 2001.

HELWIG, C. C., ZELAZO, P. D. & WILSON, M. "Children's judgments of psychological harm in normal and noncanonical situations". *Child Development*, 72: 66-81, 2001.

HOLLOWAY, S. D. "Divergent cultural models of child rearing and pedagogy in Japanese preschools". *In*: TURIEL, E. (ed.). *New directions for child development, Vol. 83: Development and cultural change: Reciprocal processes*. São Francisco: Jossey-Bass, 1999, p. 61-75.

HORN, S. S. "Adolescents' reasoning about exclusion from social groups". *Developmental Psychology*, 39: 71-84, 2003.

______. "Leaving LGBT (lesbian, gay, bisexual and transgender) students behind". *In*: WAINRYB, C., SMETANA, J. G. & TURIEL, E. (eds.). *Social development, social inequalities, and social justice*. Mahwah: Erlbaum, 2008, p. 131-153.

HORN, S. S., KILLEN, M. & STANGOR, C. "The influence of group stereotypes of adolescents' moral reasoning". *Journal of Early Adolescence*, 19: 98-113, 1999.

HORN, S. S. & NUCCI, L. "The multidimensionality of adolescents' beliefs about and attitudes toward gay and lesbian peers in school". *Equity and Excellence in Education*, 36: 136-147, 2003.

KAHN, P. H., JR. "Children's obligatory and discretionary moral judgments". *Child Development*, 63: 416-430, 1992.

KELLER, M., LOURENCO, O., MALTI, T. & SAALBACH, H. "The multifaceted phenomenon of 'happy victimizers': A cross-cultural comparison of moral emotions". *British Journal of Developmental Psychology*, 21: 1-18, 2003.

KILLEN, M. "Context, conflict, and coordination in early social development". *In*: WINEGAR, L. T. (ed.). *Social interaction and the development of children's understanding*. Norwood: Ablex, 1989, p. 114-136.

______. "Children's evaluations of morality in the context of peer, teacher-child, and family relations". *Journal of Genetic Psychology*, 151: 395-410, 1990.

______. "Children's social and moral reasoning about exclusion". *Current Directions in Psychological Science*, 16: 32-36, 2007.

KILLEN, M. & DE WAAL, F. B. M. "The evolution and development of morality". *In*: AURELI, F. & DE WAAL, F. B. M. (eds.). *Natural conflict resolution*. Berkeley: University of California Press, 2000, p. 352-372.

KILLEN, M., HENNING, A., KELLY, M. C., CRYSTAL, D. & RUCK, M. "Evaluations of interracial peer encounters by majority and minority US children and adolescents". *International Journal of Behavioral Development*, 31: 491-500, 2007.

KILLEN, M., MULVEY, L., RICHARDSON, C., JAMPOL, N. & WOODWARD, A. "The accidental transgressor: Morally relevant theory of mind". *Cognition*, 119: 197-215, 2011.

KILLEN, M. & NUCCI, L. "Morality, autonomy, and social conflict". *In*: KILLEN, M. & HART, D. (eds.). *Morality in everyday *life: Developmental perspectives*. Cambridge: Cambridge University Press, 1995, p. 52-86.

KILLEN, M., PISACANE, K., LEE-KIM, J. & ARDILA-REY, A. "Fairness or stereotypes? Young children's priorities when evaluating group exclusion and inclusion". *Developmental Psychology*, 37: 587-596, 2001.

KILLEN, M. & RUTLAND, A. *Children and social exclusion: Morality, prejudice, and group identity*. Malden: Wiley-Blackwell, 2011.

KILLEN, M. & SMETANA, J. "The biology of morality: Human development and moral neuroscience". *Human Development*, 50: 241-243, 2007.

______. "Social interactions in preschool classrooms and the development of young children's conceptions of the personal". *Child Development*, 70: 486-501, 1999.

KILLEN, M. & STANGOR, C. "Children's social reasoning about inclusion and exclusion in gender and race peer group contexts". *Child Development*, 72: 174-186, 2001.

KILLEN, M. & WAINRYB, C. "Independence and interdependence in diverse cultural contexts". *In*: HARKNESS, S., RAEFF, C. & SUPER, C. M. (eds.). *Variability in the social construction of the child*. São Francisco: Jossey-Bass, 2000, p. 5-21.

KOHLBERG, L. *Essays on moral development: Vol. 2. The psychology of moral development*. São Francisco: Harper and Row, 1984.

KOMATSU, L. K. & GALOTTI, K. M. "Children's reasoning about social, physical, and logical regularities: A look at two worlds". *Child Development*, 57: 413-420, 1986.

KRETTANAUER, T., MALTI, T. & SOKOL, B. "The development of moral emotion expectancies and the happy victimizer phenomenon: A critical review of theory and application". *European Journal of Developmental Science*, 2: 221-238, 2008.

KUCZYNSKI, L. & NAVARA, G. S. "Sources of innovation and change in socialization, internalization and acculturation". *In*: KILLEN, M. & SMETANA, J. G. (eds.). *Handbook of moral development*. Mahwah: Erlbaum, 2006, p. 299-327.

LAUPA, M. "Similarities and differences in children's reasoning about morality and mathematics". *In*: LAUPA, M. (ed.). *Rights and wrongs: how children and young adults evaluate the world. New Directions for Child Development*. São Francisco: Jossey-Bass, v. 89, 2000, p. 19-31.

LEWIS, D. *Convention: A philosophical study*. Cambridge: Harvard University Press, 1969.

LOCKHART, K. L., ABRAHAMS, B. & OSHERSON, D. N. "Children's understanding of uniformity in the environment". *Child Development*, 48: 1521-1531, 1977.

MALTI, T., GASSER, L. & GUTZWILLER-HELFENFINGER, E. "Children's interpretive understanding, moral judgments, and emotion attributions: Relations to social behaviour". *British Journal of Developmental Psychology*, 28: 275-292, 2010.

MARGIE, N. G., BRENICK, A., KILLEN, M., CRYSTAL, D. & RUCK, M. "Peer victimization and moral judgments about interracial peer encounters". Poster apresentando no encontro anual da *Association for Psychological Science*, Nova Iorque, 2006.

MUCH, N. & SHWEDER, R. A. "Speaking of rules: The analysis of culture in breach". *In*: DAMON, W. (ed.). *Moral development*. São Francisco: Jossey-Bass, 1978, p. 19-40.

NEFF, K. "Judgments of personal autonomy and interpersonal responsibility in the context of Indian spousal relationships: An examination of young people's reasoning in Mysore, India". *British Journal of Developmental Psychology*, 19: 233-257, 2001.

NEFF, C. & HELWIG, C. C. "A constructivist approach to understanding the development of reasoning about rights and authority within cultural contexts". *Cognitive Development*, 17: 1429-1450, 2002.

NICHOLLS, J. G. & THORKILDSEN, T. A. "Children's distinctions among matters of intellectual convention, logic, fact, and personal preference". *Child Development*, 59: 939-949, 1988.

NUCCI, L. "The development of personal concepts: A domain distinct from moral or societal concepts". *Child Development*, 52: 114-121, 1981.

______. *Education in the moral domain*. Cambridge: Cambridge University Press, 2001.

______. "Morality and personal freedom". *In*: REED, E. S., TURIEL, E. & BROWN, T. (eds.). *Values and knowledge*. Mahwah: Erlbaum, 1996, p. 41-60.

______. *Nice is not enough: Facilitating moral development*. Nova Iorque: Pearson, 2008.

NUCCI, L. & GINGO, M. "Moral reasoning". *In*: GOSWAMI, U. (ed.). *Wiley-Blackwell handbook of child cognitive development*. UK: Blackwell, 2. ed., 2010, p. 420-445.

NUCCI, L. P., GUERRA, N. & LEE, J. "Adolescent judgments of the personal, prudential, and normative aspects of drug usage". *Developmental Psychology*, 27: 841-848, 1991.

NUCCI, L. P. & NUCCI, M. S. "Children's responses to moral and social conventional transgressions in free-play settings". *Child Development*, 53: 1337-1342, 1982a.

______. "Children's social interactions in the context of moral and conventional transgressions". *Child Development*, 53: 403-412, 1982b.

NUCCI, L. P. & TURIEL, E. "Social interactions and the development of social concepts in preschool children". *Child Development*, 49: 400-407, 1978.

______. "God's word, religious rules, and their relation to Christian and Jewish children's concepts of morality". *Child Development*, 64: 1475-1491, 1993.

NUCCI, L. P. & TURIEL, E. "Capturing the complexity of moral development and education". *Mind, Brain, and Education*, 3: 151-159, 2009.

NUCCI, L. P., TURIEL, E. & GAWRYCH, G. "Children's social interactions and social concepts: Analyses of morality and convention in the Virgin Islands". *Journal of Cross-Cultural Psychology*, 14: 468-487, 1983.

NUCCI, L. P. & WEBER, E. K. "Social interactions in the home and the development of young children's conceptions of the personal". *Child Development*, 66: 1438-1452, 1995.

NUNNER-WINKLER, G. & SODIAN, B. "Children's understanding of moral emotions". *Child Development*, 59: 1323-1338, 1988.

NUSSBAUM, M. *Sex and social justice*. Nova Iorque: Oxford University Press, 1999.

PARK, Y., KILLEN, M., CRYSTAL, D. & WATANABE, H. "Korean, Japanese, and American children's evaluations of peer exclusion: Evidence for diversity". *International Journal of Behavioral Development*, 27: 555-565, 2003.

PIAGET, J. *The moral judgment of the child*. Nova Iorque: The Free Press, 1932/1965.

RAWLS, J. *A theory of justice*. Cambridge: Cambridge University Press, 1971.

ROSS, H., TESLA, C., KENYON, B. & LOLLIS, S. "Maternal intervention in toddler peer conflict: The socialization of principles of justice". *Developmental Psychology*, 26: 994-1003, 1990.

SANDERSON, J. A. & SIEGAL, M. "Conceptions of moral and social rules in rejected and nonrejected preschoolers". *Journal of Clinical Child Psychology*, 17: 66-72, 1988.

SEARLE, J. *Speech acts*. Londres: Cambridge University Press, 1969.

SHAW, L. & WAINRYB, C. "The outsider's perspective: Young adults' judgments of social practices of other cultures". *British Journal of Developmental Psychology*, 17: 451-471, 1999.

SHAW, L. & WAINRYB, C. "When victims don't cry: Children's understandings of victimization, compliance, and subversion". *Child Development*, 77: 1050-1062, 2006.

SHWEDER, R. A., GOODNOW, J. J., HATANO, G., LEVINE, R. A., MARKUS, H. & MILLER, P. "The cultural psychology of development: One mind, many mentalities". *In*: LERNER, R. M. (ed.). *Handbook of child psychology, Vol. 1: Theoretical models of human development*. Nova Iorque: Wiley, 6. ed., 2006, p. 865-937.

SIEGAL, M. & STOREY, R. M. "Day care and children's conceptions of moral and social rules". *Child Development*, 56: 1001-1008, 1985.

SLOMKOWSKI, C. & KILLEN, M. "Young children's conceptions of transgressions with friends and nonfriends". *International Journal of Behavioral Development*, 15: 247-258, 1992.

SMETANA, J. G. "Preschool children's conceptions of moral and social rules". *Child Development*, 52: 1333-1336, 1981a.

______. "Reasoning in the personal and moral domains: Adolescent and young adult women's decision-making about abortion". *Journal of Applied Developmental Psychology*, 2: 211-226, 1981b.

______. *Concepts of self and morality: Women's reasoning about abortion*. Nova Iorque: Praeger, 1982.

______. "Social-cognitive development: Domain distinctions and coordinations". *Developmental Review*, 3: 131-147, 1983.

______. "Toddlers' social interactions regarding moral and conventional transgressions". *Child Development*, 55: 1767-1776, 1984.

______. "Preschool children's conceptions of transgressions: The effects of varying moral and conventional domain-related attributes". *Developmental Psychology*, 21: 18-29, 1985.

______. "Toddlers' social interactions in the context of moral and conventional transgressions in the home". *Developmental Psychology*, 25: 499-508, 1989.

SMETANA, J. G. "Parenting and the development of social knowledge reconceptualized: A social domain analysis". *In*: GRUSEC, J. E. & KUCZYNSKI, L. (eds.). *Parenting and the internalization of values*. Nova Iorque: Wiley, 1997, p. 162-192.

______. "Culture, autonomy, and personal jurisdiction in adolescent-parent relationships". *In*: REESE, H. W. & KAIL, R. (eds.). *Advances in child development and behavior*. Nova Iorque: Academic Press, v. 29, 2002, p. 51-87.

______. "Social-cognitive domain theory: Consistencies and variations in children's moral and social judgments". *In*: KILLEN, M. & SMETANA, J. G. (eds.). *Handbook of moral development*. Mahwah: Erlbaum, 2006, p. 119-153.

______. *Adolescents, families, and social development: How teens construct their worlds*. West Sussex: Wiley-Blackwell, 2011.

SMETANA, J. G. & ASQUITH, P. "Adolescents' and parents' conceptions of parental authority and adolescent autonomy". *Child Development*, 65: 1143-1158, 1994.

SMETANA, J. G. & BRAEGES, J. L. "The development of toddlers' moral and conventional judgments". *Merrill-Palmer Quarterly*, 36: 329-346, 1990.

SMETANA, J. G., CAMPIONE-BARR, N. & DADDIS, C. "Developmental and longitudinal antecedents of family decision-making: Defining health behavioral autonomy for African American adolescents". *Child Development*, 75: 1418-1434, 2004.

SMETANA, J., CAMPIONE-BARR, N. & YELL, N. "Children's moral and affective judgments regarding provocation and retaliation". *Merrill-Palmer Quarterly*, 49: 209-236, 2003.

SMETANA, J. G., JAMBON, M., CONRY-MURRAY, C. & STURGE-APPLE, M. "Reciprocal associations between young children's moral judgments and their developing theory of mind". *Developmental Psychology*, doi: 10.1037/a0025891.

SMETANA, J. G., KELLY, M. & TWENTYMAN, C. T. "Abused, neglected, and nonmaltreated children's conceptions of moral and conventional transgressions". *Child Development*, 55: 277-287, 1984.

SMETANA, J. G., KOCHANSKA, G. & CHUANG, S. "Mothers' conceptions of everyday rules for young toddlers: A longitudinal investigation of the effects of maternal reasoning and child temperament". *Merrill-Palmer Quarterly*, 3: 391-416, 2000.

SMETANA, J. G., ROTE, W., JAMBON, M., TASOPOULOS--CHAN, M., VILLALOBOS, M. & COMER, J. "Developmental changes and individual differences in young children's moral judgments". *Child Development*, 83: 683-696, 2012.

SMETANA, J. G., SCHLAGMAN, N. & ADAMS, P. "Preschoolers' judgments about hypothetical and actual transgressions". *Child Development*, 64: 202-214, 1993.

SMETANA, J. G., TOTH, S., CICCHETTI, D., BRUCE, J., KANE, P. & DADDIS, C. "Maltreated and nonmaltreated preschoolers' conceptions of hypothetical and actual moral transgressions". *Developmental Psychology*, 35: 269-281, 1999.

SMETANA, J. G. & VILLALOBOS, M. "Social-cognitive development during adolescence". *In*: LERNER, R. L. & STEINBERG, L. (eds.). *Handbook of adolescent psychology*. Nova Iorque: Wiley, 3. ed., 2009, p. 187-208.

SONG, M. J., SMETANA, J. G. & KIM, S. Y. "Korean children's conceptions of moral and conventional transgressions". *Developmental Psychology*, 23: 577-582, 1987.

STRAUSS, C. "The culture concept and the individualism-collectivism debate: Dominant and alternative attributions for class in the United States". *In*: NUCCI, L. P., SAXE, G. B. & TURIEL, E. (eds.). *Culture, thought, and development*. Mahwah: Erlbaum, 2000, p. 85-114.

THEIMER, C. E., KILLEN, M. & STANGOR, C. "Preschool children's evaluations of exclusion in gender-stereotypic contexts". *Developmental Psychology*, 37: 1-10, 2001.

TISAK, M. S. "Preschool children's judgments of moral and personal events involving physical harm and property damage". *Merrill-Palmer Quarterly*, 39: 375-390, 1993.

TISAK, M. S., NUCCI, L. P. & JANKOWSKI, A. M. "Preschool children's social interactions involving moral and prudential transgressions: An observational study". *Journal of Early Education & Development*, 7: 137-148, 1996.

TISAK, M. S. & TURIEL, E. "Children's conceptions of moral and prudential rules". *Child Development*, 55: 1030-1039, 1984.

______. "Variation in seriousness of transgressions and children's moral and conventional concepts". *Developmental Psychology*, 24: 352-357, 1988.

TURIEL, E. *The development of social knowledge: Morality and convention.* Cambridge: Cambridge University Press, 1983.

______. *The culture of morality: Social development, context, and conflict.* Nova Iorque: Cambridge University Press, 2002.

______. "The discontents and contents in cultural practices: It all depends on where you sit". *In*: EDELSTEIN, W. & NUNNER-WINKLER, G. (ed.). *Morality in context.* Amsterdam: Elsevier, 2005, p. 246-272.

______. "The development of morality". *In*: EISENBERG, N. (ed.). *Handbook of child psychology, Vol. 3: Social, emotional, and personality development.* Nova Iorque: Wiley, 6. ed., 2006, p. 789-857.

______. "Thought about actions in social domains: Morality, social conventions, and social interactions". *Cognitive Development*, 23: 136-154, 2008.

______. "The relevance of moral epistemology and psychology for neuroscience". *In*: ZELAZO, P., CHANDLER, M. & CRONE,

E. (eds.). *Developmental social cognitive neuroscience*. Nova Iorque: Taylor & Francis, 2010, p. 313-331.

TURIEL, E., HILDEBRANDT, C. & WAINRYB, C. "Judging social issues: Difficulties, inconsistencies, and consistencies". *Monographs of the Society for Research on Child Development*, 56: 1-116, 1991.

TURIEL, E., KILLEN, M. & HELWIG, C. "Morality: Its structure, functions, and vagaries". *In*: KAGAN, J. & LAMB, S. (eds.). *The emergence of morality in young children*. Chicago: University of Chicago Press, 1987, p. 155-243.

TURIEL, E., SMETANA, J. G. & KILLEN, M. "Social contexts in social-cognitive development". *In*: GEWIRTZ, J. L. & KURTINES, W. M. (eds.). *Handbook of moral behavior and development, Vol. 2: Research*. Hillsdale: Erlbaum, 1991, p. 307-332.

TURIEL, E. & WAINRYB, C. "Concepts of freedoms and rights in a traditional, hierarchically organized society". *British Journal of Developmental Psychology*, 16: 375-395, 1998.

WAINRYB, C. "Understanding differences in moral judgments: The role of informational assumptions". *Child Development*, 62: 840-851, 1991.

______. "The application of moral judgments to other cultures: Relativism and universality". *Child Development*, 64: 924-933, 1993.

______. "The mismeasure of diversity: Reflections on the study of crosscultural differences". *In*: TURIEL, E. (ed.). *Development and cultural change: Reciprocal processes*. São Francisco: Jossey-Bass, 1997, p. 51-76.

______. "Values and truths: The making and judging of moral decisions". *In*: LAUPA, M. (ed.). *Rights and wrongs: How children evaluate the world*. São Francisco: Jossey-Bass, 2000, p. 33-46.

______. "Moral development in culture: Diversity, tolerance, and justice". *In*: KILLEN, M. & SMETANA, J. G. (eds.). *Handbook of moral development*. Mahwah: Erlbaum, 2006, p. 185-210.

WAINRYB, C. & BREHL, B. "I thought she knew that would hurt my feelings: Developing psychological knowledge and moral thinking". *In*: KAIL, R. (ed.). *Advances in child development and behavior*. Nova Iorque: Elsevier, 2006, p. 131-171.

WAINRYB, C., BREHL, B. & MATWIN, S. "Being hurt and hurting others: Children's narrative accounts and moral judgments of their own interpersonal conflicts". *Monographs of the Society for Research in Child Development*, 70: 1-114, 2005.

WAINRYB, C. & FORD, S. "Young children's evaluations of acts based on beliefs different from their own". *Merrill-Palmer Quarterly*, 44: 484-503, 1998.

WAINRYB, C. & RECCHIA, H. "Moral lives across cultures: Heterogeneity and conflict". *In*: KILLEN, M. & SMETANA, J. G. (eds.). *Handbook of moral development*. Nova Iorque: Taylor & Francis, 2. ed., 2014, p. 259-278.

WAINRYB, C., SHAW, L. & MAIANU, C. "Tolerance and intolerance: Children's and adolescents' judgments of dissenting beliefs, speech, persons, and conduct". *Child Development*, 69: 1541-1555, 1998.

WAINRYB, C., SHAW, L., LANGLEY, M., COTTAM, K. & LEWIS, R. "Children's thinking about diversity of belief in the early school years: Judgments of relativism, tolerance, and disagreeing persons". *Child Development*, 75: 687-703, 2004.

WALKER, L. J. "Gender and morality". *In*: KILLEN, M. & SMETANA, J. G. (eds.). *Handbook of moral development*. Mahwah: Erlbaum, 2006, p. 93-115.

WEBER, E. K. "Children's personal prerogative in home and school contexts". *Early Education and Development*, 10: 499-515, 1999.

YAU, J. & SMETANA, J. G. "Conceptions of moral, social-conventional, and personal events among Chinese preschoolers in Hong Kong". *Child Development*, 74: 647-658, 2003.

YAU, J., SMETANA, J. G. & METZGER, A. "Young Chinese children's authority concepts". *Social Development*, 18: 210-229, 2009.

YOUNISS, J. *Parents and peers in social development: A Sullivan-Piaget perspective*. Chicago: University of Chicago Press, 1980.

YUILL, N., PERNER, J., PEARSON, A., PEERBHOY, D. & VAN DEN ENDE, J. "Children's changing understanding of wicked desires: From objective to subjective and moral". *British Journal of Developmental Psychology*, 14: 457-475, 1996.

ZELAZO, P. D., HELWIG, C. C. & LAU, A. "Intention, act, and outcome in behavioral prediction and moral judgment". *Child Development*, 67: 2478-2492, 1996.

ZELAZO, P. D., HELWIG, C. C. & WILSON, M. "Children's judgments of psychological harm in normal and canonical situations". *Child Development*, 72: 66-81, 2001.

Índice remissivo

A

adolescência, 13, 17, 18, 26, 30, 76, 107, 147, 158

adolescente(s) 9, 12-13, 15, 23, 27, 31, 45, 48, 58, 62, 75, 78, 83, 110, 120

afeto(s), 28, 39, 42, 106, 116, 144

autonomia, 24-26, 29, 32, 39-40, 43, 46-47, 65, 72, 76-78, 109, 123, 150, 154-155, 165

B

Brasil, 11, 15-16, 18, 29

brasileiro(s) 15-16, 30, 32, 74

C

coação, 41, 43, 45-46, 63, 65, 67, 75-78

conhecimento social, 17, 27, 29, 48-50, 52, 54-55, 71, 80-81, 106-108, 111, 119, 121-122, 176

convenções sociais, 12-13, 17, 48, 66, 106-109, 122-123, 142, 172-173

cooperação, 23, 39, 44-45, 47, 63, 67, 76-77, 119

coordenação de domínios, 165

criança(s), 9, 15, 17-18, 23, 27, 29-30, 33, 39, 40-48, 54, 56, 58, 60-78, 80-84, 106-163, 171-174

D

desenvolvimento cognitivo, 12, 37, 38, 53, 55, 62, 65
desenvolvimento moral, 9, 11-12, 15-16, 18, 23, 28-30, 33-34, 38, 41, 47, 49, 62, 67, 70-75, 78-79, 82-85, 105-106, 118, 120, 124, 129, 140, 146, 158, 174
dilema(s), 12, 24, 61-62, 66, 163, 166-167
direito(s), 39, 48, 70, 75, 81, 85, 106-113, 119, 121-124, 127-129, 139, 142, 153-154, 157, 159-162, 164, 167-168, 172-173
distribuição de recursos, 45, 67,129
divergência(s), 16, 27, 34, 62-65, 67-68, 77-79
domínio(s) misto(s), 115, 151
domínio convencional, 16, 27, 48, 56, 67, 75, 80
domínio moral, 16, 27-29, 31-33, 48, 56, 59, 62, 64, 66-67, 71, 75, 80-81, 84-85
domínio pessoal, 16, 27, 48, 80, 123, 141, 154, 172
domínio prudencial, 57, 59
domínios sociais, 30-31, 51, 54, 62, 68, 80, 85

E

educação moral, 11, 16, 28, 33-34, 39, 84-85
epistemologia genética, 24, 34, 36, 38, 50, 63, 69, 76-77, 80
emoções morais, 176
equilibração, 36-37, 50, 51, 53-54, 76-78, 81-82
estágio(s), 12, 24-26, 29, 37, 47, 49-53, 68, 73, 78-80, 82, 166

G

gênese, 35, 37, 42-43, 72

H

heteronomia, 11, 13, 26, 39, 41-43, 47, 65, 72, 76-78

I

identidade, 25, 109, 112, 155

infância, 107, 125, 137, 140, 146-150, 154-158, 171, 176

inteligência, 13, 35-38, 42, 49, 76

J

Juízo Moral na Criança, 24,34, 38, 42, 47, 65, 69-70, 74, 75, 78

julgamento(s) moral(is), 9, 11-12, 15, 17-18, 24-25, 29, 32, 48-49, 60, 63, 65, 66, 82, 106, 110, 112-116, 118-119, 120-121, 123, 125, 128, 131, 136-137, 139-140, 142-143, 146, 152, 156, 160-162, 167-168, 170-176

justiça, 13, 17-18, 24, 26, 28, 40, 44-46, 50, 63, 65, 67, 69-70, 75, 106-108, 112-113, 123-124, 129, 139, 143, 146-147, 153-155, 157-159, 162, 164-165, 168, 170

K

Kohlberg, Lawrence, 11, 24- 29, 32-33, 38, 49, 51, 67-68, 71, 79, 107, 119, 123, 174

M

moral, 11-18, 23, 24-26, 29, 39-40, 42-43, 47-48, 51, 56, 58, 67, 77, 103, 114 moralidade, 15, 17, 23-29, 32-34, 39-40, 43, 45-47, 50, 64-71, 73-75, 77, 80, 82, 84, 105-106, 108-111, 117, 122-125, 130, 139, 149, 151, 172-174

N

Nucci, Larry, 11, 15, 28, 31, 38, 48, 61, 81, 109-110, 121, 158-159

O

objeto(s), 35-37, 53, 63, 64, 68, 72, 80-82, 117, 121, 129-130
ontogênese, 36, 62-63, 72, 125

P

Parentalidade, 9, 28, 59, 73-75, 83, 85
Piaget, Jean, 16, 26, 34, 35, 47, 50, 68, 79
psicologia moral, 28, 32-33, 69, 80
preconceito(s), 28, 171
pressupostos informacionais, 17-18, 55, 57, 60, 98, 113-116, 122, 125, 165-169

R

raciocínio moral, 42, 116, 122, 124-125, 135, 149, 166, 170, 173-176
regras morais, 48, 64, 108, 110-111, 127, 130, 133, 142, 159
regras sociais, 126, 131, 142

S

Smetana, Judith G., 12, 15-16, 18, 81, 83, 108, 128, 130, 132, 140-143
sobreposição(ões), 57, 59, 112-114, 125, 138
sujeito(s), 24, 34-38, 43, 45, 51, 53, 55-56, 60-61, 63-64, 73, 81, 108, 110, 112, 167
sujeito epistêmico, 35-37, 63

T

Teoria da Mente, 134-137, 156, 174, 176

Teoria do Domínio Social (TDS), 15-17, 24, 27-33, 48, 51-52, 59, 61-64, 68, 71, 73, 75, 80-81, 84, 105, 106-108, 110, 113, 124-125, 173

Teoria do Juízo Moral, 16, 25, 30, 33-34, 38, 47, 68, 79, 81

transgressões morais, 48, 108, 111, 128-131, 133-135, 139, 141-143, 145-148, 150-152, 155

Turiel, Elliot, 11, 15-16, 24, 28, 31-32, 48, 79

Esta obra foi composta em sistema CTcP
Capa: Supremo 250 g – Miolo: Pólen Natural 70 g
Impressão e acabamento
Gráfica Santuário